信仰與務實的巧妙融合

阿拉伯的智慧

高惠珠　著

前言 FOREWORD

信仰與務實的巧妙融合

在現今世紀的世界舞台上，阿拉伯國家是一股越來越引人注目的力量？它在這個舞台上已有了不言而喻的位置。然而即使在這種情況下，當我們讀著一九三七年出版的美國歷史學家希提的《阿拉伯通史》中的如下這段話時，也許仍會感到驚異：「講阿拉伯話的各國人民是第三種一神教的創造者，是另外兩種一神教的受益者，是與西方分享希臘—羅馬文化傳統的人民，是在整個中世紀時期高舉文明火炬的人物？是對歐洲文藝復興作出慷慨貢獻的人們。」❶

阿拉伯穆斯林世界真的那樣輝煌過？這不會是歷史學家的偏愛之辭？然而在歷史學家後面來了一位政治人物，而且是世界級的大政治家，他說：「當歐洲還處於中世紀的蒙昧狀態時，伊斯蘭文明正經歷著它的黃金時代……幾乎所有領域裏的關鍵性進展都是穆斯林在這個時期取得的……當歐洲文藝復興時期的偉人們把知識的邊界往前開拓的時侯，他們所以能眼光看得更遠？是因為他們站在穆斯林世界巨人們的肩膀上。」❷——這是已故美國前總統尼克森在其絕筆之作《抓住時機》中所寫的一段話。該書出版於一九九一年。就是說，這位西方大政治家以二十世紀九〇年代的眼光，提請人們注意，

---

❶ 〔美〕希提：《阿拉伯通史》。
❷ 〔美〕尼克森：《抓住時機》。

在當今世界上，「穆斯林世界是一種正在探尋其在歷史上之獨立地位的舉足輕重之文明。」❸

在二十世紀以前的人類歷史上，盛極一時的伊斯蘭帝國和奧斯曼帝國（另稱：鄂圖曼土耳其帝國）曾兩次迫使人們不得不將自己的目標轉向阿拉伯伊斯蘭世界。由阿拔斯王朝建立於八世紀中葉的伊斯蘭帝國橫跨歐亞非三洲，從公元七五〇年至公元一二五八年，整整延續了七百年。僅僅間隔不到兩個世紀，奧斯曼帝國又在十四世紀初崛起，到十五世紀初，其疆域已從多瑙河上的布達佩斯連綿到底格里斯河上的巴格達，從克里米亞延伸到尼羅河第一瀑布。這個龐大的帝國一直存在到十九世紀為止。

但是我們對這個帝國很陌生了；我們對阿拉伯穆斯林世界這個「舉足輕重的文明」所知道的似乎就是《一千零一夜》、「阿里巴巴」和那裏的石油。《簡明伊斯蘭世界百科全書》的中譯者把這種情況解釋為：「由於種種原因，國人現在的目光向著西歐、北美。」❹其實，不光是中國人，據尼克森說：「美國人中間了解伊斯蘭世界的豐富遺產者也很少。」❺人的目光有時是很短淺的。人們往往看到了現實？就忘記了歷史；或者反過來，想起了歷史，就忘記了現實。在對待阿拉伯伊斯蘭世界的認知方面，這個缺點表現得特別明顯。

阿拉伯人的故鄉是阿拉伯半島。雖然半島周圍也是他們居住的地方，但半島是阿拉伯文明最重要的發源地。這個半島位

---

❸　《抓住時機》。
❹　《簡明伊斯蘭世界百科全書》。
❺　《抓住時機》。

於亞洲西南，北界敘利亞沙漠，東接波斯灣，南濱印度洋，西瀕紅海。那裏絕大部分是沙漠地帶。直到公元七世紀以前，當幼發拉底河流域及尼羅河流域的居民早已創造出燦爛的文明時？被包圍在高山、大海中的半島上的古代阿拉伯人大多數仍然過著遊牧的生活。遊牧人不事農工，不習商航，專靠放牧駱駝和羊為生，逐水草而居，生活全靠天時；水盡糧絕之時，甚至搶劫、擄掠也成為他們的謀生手段之一。當時文盲遍地。如此的生存環境似很難致人類於文明進化之域。然而，僅過了兩百年，到阿拔斯王朝前期，這個從荒涼的大漠中走出來的民族不僅有了與基督教教堂和宮殿同樣巍峨的清真寺和皇宮，而且以其在「百年翻譯運動」中對希臘典籍的完整保存，為歐洲文藝復興提供了指路明燈；它不僅發明了代數學，介紹了印度的十進位和零的學說，為世界貢獻了直到十九世紀還在歐洲再版的醫學巨著，並使早先為遊牧人使用的阿拉伯語普及到世界各方？成為世界上最古老的閃語族中最年輕、最活躍、最富生命力、使用範圍最廣的一個語支。在此期間，阿拉伯伊斯蘭帝國的疆域也擴展到敘利亞、伊拉克、波斯、埃及，甚至到達北非和西班牙。直到今天，以阿拉伯國家為主體的穆斯林世界更是蓬勃興旺。這個民族究竟靠了什麼力量演出了這樣宏偉壯觀的民族躍進史劇，究竟是什麼樣的生存智慧能具有如此動人心魄的神奇魅力？這是作者企圖在本書中作一番探尋的目標。

所謂智慧，包括兩個層面：一是人的上升到思維方法意義上的理性的狡黠，它是人觀察、認識事物的特殊眼光和視角；二是人的行為、實踐意義上的行事機巧，它是具有實用價值的處世方法。在彌漫於人們生活的每一角落的智慧之中，同時存在著這兩個深淺不同的層面。對於創造了與基督教文明、儒家

文明成鼎足之勢的阿拉伯文明的智慧來說，這本不到二十萬字的小書不可能包羅萬象。正如克羅齊所說，任何歷史都如同當代史一樣，作者是以當代人的眼光，來認識和解構那些阿拉伯人在解決人類社會生存中所必然面臨的種種基本問題並取得成功的智慧，那些對阿拉伯人後來居上、成為世界民族之林中強大的成員具有明顯效用的智慧。在諸如崇智、務實與權謀、聖戰這樣不同類型的智慧之中，作者更關注前者；這也許會對我們這個古老民族的騰飛具有借鑒作用。同時，在智慧的兩個層面中，作者也更注意從思維方法的角度來展示阿拉伯智慧的機巧，因為認知事物的眼光和視角的獨特性，乃是構成一切獨特智慧的前提。在人類社會生活的長河中，某種智慧的效用往往也有「顯性」與「隱性」之分，而績效是幫助人們反觀這種智慧高妙的最有力的感性材料。這也是作者在本書中注意績效介紹、尤其是「隱性績效」之揭示的原因之一。

我們希望讀者在終卷之時，能對阿拉伯穆斯林世界有一種新的體悟。無論亨廷頓是否真的認為儒教與伊斯蘭教的結合將會稱雄二十一世紀，至少，阿拉伯──伊斯蘭文明是我們這個正在走向世界的民族所不能忽視的文明。

目錄 CONTENTS

Chapter 1
立身處世的智慧

信賴真主，同時拴住你的駱駝

在阿拉伯的傳說裡，有一段這樣的對話：一天，有個人與穆罕默德一起旅行。當他們在一個地方停下過夜時，這個人就問道：「我應該拴住駱駝呢？還是應該信仰真主？」穆罕默德回答：「信賴真主，同時拴住你的駱駝。」

按提問者的邏輯，如果信仰真主，那麼就不必管駱駝拴不拴，因為真主無所不知，一切都按他的意志行事，駱駝無論拴與不拴，結果都一樣。而事實上，不拴住駱駝，駱駝就會自己走開，甚至被人偷走；而拴住駱駝，駱駝的保險係數就大得多了。在此，如果回答：「拴住駱駝！」似乎有對真主不完全信仰之嫌。反之，如果回答：「信仰真主！」那駱駝究竟該不該拴呢？面對這樣一個兩難選擇，阿拉伯先知穆罕默德作了如上的精妙回答。信賴真主，這是屬於信仰世界的事，拴駱駝則是屬於世俗世界的事，信仰世界和務實世界，通過穆罕默德的回

答，就十分自然地交融在一起了。也許沒有比這個例子更能說明阿拉伯人的一種生存智慧：在務實中信仰，在信仰中務實，把信仰和務實巧妙地融化合為一體。

這種信仰與務實的精妙交融，在《古蘭經》上隨處可見。《古蘭經》與別的世界性宗教極為不同的是，它十分重視人的現實物質利益，重視和愛惜當時當世人們的現實生活。

《古蘭經》上就說：「眾人啊！你們可以吃大地上所有合法而且佳美的食物。」（2：168）它並不要求人們像有的宗教那樣「滅人慾，存天理」，提倡禁慾主義和悲觀主義，而是告訴人們，只要合乎信仰，不違背阿拉的旨意，人們可以享受現實人生。它並不要求人們大公無私，而是告訴人們，公私本是融合在一起的。

在《古蘭經》裡，不少地方都講了這一思想：真主引導了人類，把人類引上了正路，人們就應該用最好的美物來報答真主。為了真主的喜愛，為了報答真主對人類的仁愛之心，人類應該為真主自願捐軀，而這種報答，真主不會無視的，真主會給人類最好的報酬。真主給報酬，使人類幸福，實際上人類對真主的奉獻還是為了人類自己。因此，人類為真主所做出的犧牲，也不過是為自己的幸福所做的努力。

不僅如此，在《古蘭經》中，對於信徒們對真主的態度，還規定了極細微的報酬：「凡他們為真主而遭遇的饑渴和勞頓，他們觸怒不信道者的每一步伐，或每次對敵人有所獲，每有一件就必為他們記一功，真主一定不使行善者徒勞無酬。他們所花的旅費，無論多寡，以及他們所經歷的路程，都要為他們記錄下來，以便真主對他們的行為給予最優厚的報酬。」（9：120、121）

這些經文，對信徒行為的定位，與他們在世俗生活中可能

的遭際聯繫在一起；並且指明，真主就是根據這些行為給予報酬，因此人們的每一付出，不論大小，必得回報。這樣的定位，自然會調動每一個阿拉伯穆斯林在宗教生活中努力務實的積極性。

· 古蘭經

《古蘭經》是整個穆斯林生活環繞轉動的樞軸。在《古蘭經》光芒的照耀下，阿拉伯人的務實精神，在他們宗教生活的許多地方表現出來，並且以順乎自然、合乎人性為特點。最為直觀的，人們也許可以從他們對建造清真寺地址的選擇以及清真寺的功用中表現出來。佛教以出世為特點，所以它的名寺古剎大都建在遠離鬧市的深山老林中，以迴避城市的喧囂。而清真寺的建造就與此不同，大多數清真寺作為人們朝聖的聖地，往往建造在處於繁忙、擁擠的市場中央。在麥加和麥地那，那兩座伊斯蘭最神聖的清真寺，環境就是如此。德黑蘭的主要清

真寺、開羅的艾資哈爾清真寺和摩洛哥北部非斯的那些綠瓦覆頂的清真寺都是這樣。當然，也有一些例外、比如伊斯蘭第三大聖地耶路撒冷的情形就不同了。說明一個供人朝拜的地方是否熱鬧，鴿子也是一種證明：烏馬耶德清真寺的寬闊大院裡有鴿群，麥加和麥地那及艾資哈爾清真寺上空的白雲中有鴿群，這些鴿群表示了那兒是熙攘往來、人群如雲的地方。在清真寺內部，一切也完全不同於基督教或天主教的教堂。寺裡沒有聖壇，沒有神龕，沒有洗禮盤，沒有塑像，沒有唱詩班的樓廂。清真寺只是信徒們聚集到一起進行集體祈禱的建築物。由於在阿拉面前人人平等，所以清真寺沒有專為尊貴者留出的位置或座位。禮拜者按先後來到伊瑪目的後面排成一行行隊伍，不分社會等級、財富和種族。講壇和供信徒集合用的四方空地幾乎是所有清真寺的特徵。

　　一個在中東生活了廿五年，到過十六個阿拉伯國家的英國外交官Ｇ・Ｈ・詹森曾對清真寺的另外一些日常功用作過如下細緻入微的描寫：

　　「在大馬士革享受一個安靜的午休，是倚靠著烏馬耶德清真寺的大圓柱，那裡最涼爽。今天，伊斯蘭信仰所以有生機，這是一個原因——不是由於清真寺涼爽或安靜，而是人們可以在裡面午休，不致失敬。小限制是有的：地點選在洗禮派聖人約翰墓的另一邊更好，也就是遠離大門附近的清真寺職司辦公室，遠離《古蘭經》誦讀者和禮拜者——他們整天絡繹不絕，集中於清真寺中央的壁龕旁……入睡以前觀察一下是令人欣慰的。清真寺裡還有其他人，並非為宗教而來：學生們踱來踱去在背功課，一群朋友在悄悄閒談，孩子們在等待父母從周圍的商場裡採購歸來。最西側川流不息的人群，清楚說明那一角是從金器商店通往哈米迪赫商場的一條近路。」

這裡沒有佛家廟裡四大金剛與十八羅漢那種令人生畏的猙獰面目，也沒有一般教堂中那種靜謐與肅穆，而是充滿一種平順、自然、安寧與篤實的氣氛，一種對世俗事務感人的親和力。星期五是信徒們到清真寺參加集體禮拜的日子。《古蘭經》上說：「信道的人們啊！當聚禮日召人禮拜時，你們應當趕快去紀念真主，放下買賣。」（62：9）

　　穆斯林們由此相信選擇星期五作聚禮日是真主之意。而事實上，有人認為這是穆罕默德選擇的。他這樣選擇的原因與其說是出於宗教的考慮，倒不如說是出於世俗的考慮。先知對於猶太人拒絕他的啟示非常憤怒，規定所有店鋪一律在星期五停業，因為這個時候正是猶太人為安息日（星期六）購儲東西的時候。❶顯然，聚禮日的選定實際上也與世俗目的有關

　　朝覲，是阿拉伯人宗教生活中的一件大事。所有穆斯林只要有能力，一生都要朝覲一次。它是伊斯蘭教一切教派並肩參加的活動，其重要性可想而知。朝覲是一種大規模的紀念活動，為讓人們緬懷易卜拉欣服從真主的命令犧牲兒子易司馬儀的事蹟，並從中汲取教訓。朝覲者以擺脫世俗打算和本身的事情，與真主談心和默思「他」的獨一為其精神目的。所以，朝覲有一系列嚴格的程序。朝覲有兩種形式：一種叫巡禮或付朝，可以在一年的任何時候舉行；另一種較大、較正規的叫「哈吉」。「哈吉」只在特定的日子裡——伊斯蘭曆十二月上旬——進行。

　　對於參加「哈吉」的人來說，他應在該月的第七天抵達麥加。抵達後——實際上常常是在離開本國前——朝覲者就脫掉

---

❶　〔美〕托馬斯・李普曼：《伊斯蘭教與穆斯林世界》。

俗衣，換上傳統的朝覲戒服。男子的戒服是兩塊沒有接縫的白色包布，一幅圍在腰間，遮蔽下體，一幅披在肩上，遮蔽上身。大多數朝覲者袒露一個肩膀。婦女沒有特別的戒服，但大多數婦女穿遮住手臂的長素服。不管本國風俗如何，她們在朝覲時，一律不准帶面紗和手套。旅途中，直到進入麥加，朝覲者為表示接受真主的命令，要反覆唱誦這樣一段表白：「主啊！為了響應你的召喚，我來了！我來了！我來了！你沒有同事，我來了！一切贊頌、喜悅和尊嚴都屬於你，我來了！」

到達麥加後，他們便可以徑直去禁寺。在那裡先要履行沐浴禮儀，然後從和平門進入院子。他要吻一下「玄石」，以逆時針方向繞克爾白（另稱卡巴天房、天房，是一座立方體的回教建築物）環行七周，三周用快步走，四周以正常步伐走。每繞克爾白一周，朝覲者就得撫摸一下玄石。但實際上由於人群擁擠，這是難以做到的。所以，每經一次，只要朝玄石作一下手勢就行了。接著在連續幾天的朝覲中，信徒要履行一系列規

· 克爾白

定、有時很艱苦的儀式，並徒步到各聖地去。第一項規定儀式是徒步行走，在連接薩法山和麥爾臥山山峰的拱廊裡來回走七次，以紀念哈哲爾為了尋水救易司馬儀來回奔走七次的事蹟。

回曆十二月第八天，所有朝觀者再次繞克爾白行走，然後到離麥加五哩的米納集合作正午祈禱。他們要在米納通宵達旦祈禱。第九日清晨，他們要向麥加東南約十三哩處的阿拉法特平原行進。在那裡，他們中午集合進行祈禱並聽一次布道。第九日的整個下午都是站在阿拉法特平原上做祈禱；這是最重要的朝觀儀式。整個下午都光著頭站著不動，誦讀《古蘭經》，並說：「主啊！我來了，我來了！」這樣的祈禱一直持續到日落。接著，整個祈禱人群又繼續移動，在姆茲達里法──阿拉法特和米納之間的一塊曠野地──安營宿夜。這一夜又是在祈禱與休息的交替中度過的。在這個月第十天的早上，朝觀者折回米納。那裡有三根石柱，每個朝觀者要向其中一根石柱擲七顆石子，同時口誦：「我這樣做是以萬能主之名，是出於對魔鬼及其虛偽矯飾的憎恨。」

這個儀式據說是紀念易卜拉欣在此曾用石頭投擊並趕走前來誘惑的撒旦。緊接著是獻祭，也就是最後一項朝觀儀式。祭品通常是一頭山羊或綿羊。宰牲是為紀念易卜拉欣服從真主命令，獻祭兒子易司馬儀，以及慈主決定讓一頭牲口代替那孩子的事蹟。在米納獻祭後，男朝觀者要剃頭，女朝觀者要剪髮，男、女朝觀者都要剪一次指甲，並可以換穿通常的服裝和進行除房事以外的一切活動。這時所有的正式禮儀都已結束。

在此，之所以要將朝觀的禮儀與儀式作一交待，是希望讀者也能感受朝觀的神聖氣氛。朝觀猶如一次大規模的人類遷移，每個朝觀者都經歷了一次集體性的精神鍛鍊，它把信仰一

· 朝覲

種多種族的國際性宗教、操多種語言的人民都團結到共同的信仰裡。意味深長的是，即使在這樣神聖的時刻，伊斯蘭教務事求實的一面照樣得到淋漓盡致的發揮。從穆斯林世界各地來的商人藉此相互接觸交流，由此簽署了很多合同。特別是因為年輕婦女必須揭開面紗，這時刻便成為安排婚姻的大好時光。這對沙烏地阿拉伯人尤其如此。❷對此，安卡拉的土耳其青年曾說：「伊斯蘭關注實際生活並將其同精神事物聯繫起來——因此卓有成效。」「伊斯蘭非常適應現實，而且頗能適應日常生活。」❸

　　這種伊斯蘭教徒到麥加朝覲，是每年全世界穆斯林最大規模的聚會，它使信仰與務實交融的做法，至少產生了兩方面的結果。

---

❷　〔英〕G·H·詹森：《戰鬥的伊斯蘭》。
❸　〔英〕G·H·詹森：《戰鬥的伊斯蘭》。

第一方面，它使信仰不再是一種虛無飄渺、不食人間煙火的東西，而變得具體實在，具有實實在在的日常生活內容。僅以阿拉伯人對待做買賣經商的態度而言，做買賣必然以贏利為目的，對於這樣一種充滿世俗色彩的營生，在阿拉伯人那裡並沒有被信仰所鄙棄，而是包含在信仰的視野之內。《古蘭經》中對利息、借貸、貨幣、買賣都有過具體的論述，並把它們與對真主的信仰聯繫在一起。像《古蘭經》第三章第130節就說：「信道的人啊，你們不要吃重複加倍的利息！你們當敬畏真主，以便你們成功。」僅就這句話來說，它就是以肯定經商和獲利為前提的。

　　作為真主通過穆罕默德向生活在普通世界裡的人們進行啟示的《古蘭經》，其中大量的經文告訴穆斯林應該做什麼和不應該做什麼，以便求得真主的喜悅和證明信仰的堅貞。經文中告訴穆斯林應該如何看待戰爭、人生道路、倫理道德、行為規範、生活方式等各種事情，也就是告訴穆斯林們，有信仰的人，他的信仰應如何在上述各方面的實際生活中表現出來。同樣，在每一方面實踐了《古蘭經》的教誨，也就是在每一方面具有了信仰。

　　對於阿拉伯文化中信仰的這種務實性，得到了伊斯蘭世界之外的人們讚嘆。一位在西非工作的知名傳教士瑪麗·金斯萊不無讚嘆地說：與基督教相比，它不受性問題的干擾，沒有過分的許願，也沒有過分的要求，常情常理貫穿始終，許多世紀以來，因安於解答日常生活而得以持久。作為其他宗教的信奉者，金斯萊的這個看法倒是頗為中肯。

　　第二方面，它使日常的世俗生活和世俗事務有了信仰的意義。這是阿拉伯文化中信仰與務實的交融產生的另一個顯著結果。伊斯蘭不僅是信仰，而且成為一種完整的生活方式。英國

人詹森甚至說：「它是一個包括僧俗的、總體的、一元化的生活方式；是一整套信念和崇拜方式；是一個廣泛而又相互聯繫的法律體系；是一種文化和一種文明；是一種經濟制度和一種經營方法；是一種政體和一種統治手段；是一種特殊社會和治家方式；對繼承和離婚、服裝和禮儀、飲食和個人衛生，都作出規定；是一種神靈和人類的總體，適於今生，也適於來世。」❹儘管詹森的話是出自一個來自基督教新教大本營的英國職業外交官之口，但對阿拉伯文化中伊斯蘭特質的描述，仍屬一種「旁觀者清」式的洞見。

確實，阿拉伯人在生活的每一個細節中，都深深浸透了伊斯蘭精神。他們使日常生活神聖化的方式，最為與眾不同的是表現在他們的宗教功課方面。阿拉伯穆斯林的宗教功課與人們每日的生活節奏同步。一天有五次禮拜，又稱「五番拜」。從拂曉至日落共四次，按時間稱為「晨禮」、「晌禮」、「晡禮」、「昏禮」。最後一次稱「宵禮」，時間限度是從晚霞消失至次日拂曉前。信徒們知道什麼時候該做禮拜，因為每個清真寺前的宣禮樓都會傳出做禮拜的召喚聲。

召喚總是把伊斯蘭教的作證詞包含在其中，漢語意思是：「我作證：萬物非主，唯有阿拉，他獨一無雙；我作證：穆罕默德是阿拉的僕人，是阿拉的使者。」拂曉時，召喚還提醒穆斯林「禮拜比睡覺重要」。召喚唱詞的開頭第一句「阿拉至大」，是伊斯蘭教的最高文化和聲音。

對穆斯林來說，宣禮塔上的呼喚聲是信仰和文化鏈條中的一個環節，它把所有的穆斯林都連成一體。一個信徒無論是單獨祈禱還是參加集體祈禱，他的祈禱形式和內容都是相同的。

---

❹ 〔英〕Ｇ·Ｈ·詹森：《戰鬥的伊斯蘭》。

伊斯蘭教的祈禱與基督教的祈禱極為不同的是：祈禱不是信徒臨時想到要提出個人需要而祈求真主或與真主交流；祈禱是一種儀式，是全體信徒對真主力量的一致承認。祈禱者的念詞一律遵照既定的讚頌和服從真主的公式，例如：「一切讚頌全歸你，啊，阿拉！願你的威名被尊為至聖，願你的尊嚴被奉為無上。我只崇拜你，除你之外，再無神靈。我求阿拉幫我抵制可惡的撒旦。」另外的念詞是：「我的主，求你寬恕我！求你賜我仁慈！求你引導我們走上正路！求你賜我食糧！求你寬恕我的罪惡！」

　　此外，祈禱者還念誦許多已被穆斯林逐字逐句銘記在心的《古蘭經》裡的一些章節。帶領祈禱者的不是牧師，他同真主的關係同其他崇拜者都一樣，沒有什麼特殊的儀式程序或聖禮權力。領頭人的學識口才和受訓水平根據做禱告的清真寺的大小和財富而不同。在一個窮村莊裡，他可能只不過是在宗教學校裡上過幾年學的當地手藝人。

　　總而言之，這樣一天五次的禮拜，無論在信徒家中還是在清真寺，使人在日常生活的每一個節拍上都與真主有著聯繫與交流。既是督促，也是激勵，又是慰藉。每日數次，這樣的宗教功課比最強有力的心理諮詢都能幫助人保持心理的健康與平衡。同時，這種經年累月在統一的時間，以統一的形式，念統一的祈禱詞的禮拜活動，也加強著穆斯林們彼此的認同與團結。無論從個人角度還是從群體角度看，「五番拜」的效益是雙重的。

　　當然，這種在日常生活中以宗教功課為作息時間表的作法，有時也會產生一些令局外人感到不適但身在其中又覺得理所當然的趣事。在開羅，中央銀行後門站崗的警察在規定的時刻，會跪在骯髒的人行道上做禮拜，連門也不看了。在《金字

塔報》的排字房，有些排字工離開排字機去做禮拜。做完禮拜再幹活是司空見慣的，而他們的不那麼虔誠的同事也會只當沒事地照樣幹活。一九七八年一月，美國總統卡特訪問沙烏地阿拉伯當天，當利雅得機場為歡迎他抵達的各項準備工作還在進行時，傳來了召喚做禮拜的宣禮聲。這時軍樂隊全體放下樂器，跪在停機坪上開始禮拜。第二天上午，美國一些報紙登出一張令美國讀者感到離奇的照片，只見人和樂器一起匍匐在地。但是，阿拉伯人認為這正是對阿拉虔信的寫照。

伊斯蘭的宗教功課不僅與人們的日常生活融為一體，而且滲透到人們的生活細節之中，其中甚至包括如何搞好個人衛生。教規規定，禮拜前必須身淨、衣淨、處所淨。身淨有大淨、小淨之分。所謂大淨，是指男女房事、女性月經或分娩後，都必須按規定，用清水沐浴；小淨則是指便溺後必須局部清洗。衣淨則是指穿潔淨的衣服，戴無沿的帽子。處所淨是要在潔淨的地方禮拜。如果說「禮拜」是每一種世界性宗教都具有的話，那麼如此嚴格的淨身則是阿拉伯的穆斯林所獨有的。每天不厭其煩地淨身，且不說它具有可以淨化人的心靈，抑制醜惡和非禮行為等一類宗教的社會功能，就是在世俗生活方面，它也能起到一個講衛生的實際好處。這對於改變生活在沙漠地帶的游牧部落粗狂的生活習性，建立一種文明的生活方式，尤為有益。由於人們普遍認為，身體不潔淨者，真主不接受他們的拜功，所以，從穆罕默德時代起，阿拉伯的穆斯林就養成了人人愛清潔、講衛生的習慣。甚至阿拉伯的每一座清真寺內都有沐浴室；條件允許的家庭，都有按教規進行沐浴的設備。而幾個世紀以後，英國牛津大學的教授們還在喋喋不休地叫嚷：「洗澡是一種危險的風俗」呢！

穆斯林這種務實精神甚至涉及到一些行為細節。《古蘭經》中有這樣的記載：探親訪友，不要隨便進屋，「直到你們請求許可。」（24：27）「如果有人對你們說：『請轉回去！』你們就應當立即轉回去。」「如果你們發現別人家裡沒有人，你們就不要進去。」（24：28）在親友家作客，或其他場所都「應當節制你的步伐，應當抑制你的聲音。」（31：19）聖訓還關照吃了「生蔥、生蒜一類東西」的人，「當遠離人，待在家中。」這些宗教經典所昭示的教規儘管誕生於一四○○多年前的阿拉伯半島，但至今仍令現代的人們讀後感動。

　　一個民族，如果在它的信仰中具有如此合理的內容，它怎麼可能不獲得昇華與更新呢？事實上，阿拉伯文化中這一信仰與務實交融的特質，對當時阿拉伯社會走向文明化以及在以後的許多進程中保持秩序和穩定起了積極的作用。

　　正如美國的宗教社會學家奧戴所指出的那樣，宗教也有其積極的特徵，它往往「體現人類最崇高的願望；它不但是道德倫常的保障，而且也是公共秩序和個人內心平和的源泉；在它的影響下，人類變得高尚而文明。這些都是宗教的積極特徵。」[5]在此，阿拉伯人為我們又提供了一個實例。世界上著名的社會學家曾對經歷了宗教改革的基督教新教與原來的天主教作過社會功能上的比較，兩者不同的社會功能完全是由教義的差別所引起的。他們作過如下的比較——

(1) 新教允許有才智的人投身於世俗的追求；而在天主教國家裡，大多數有才智的人都當了神職人員。
(2) 新教把教育普及到平民百姓。

---

[5]　〔美〕托馬斯‧Ｆ‧奧戴：《宗教社會學》。

(3)新教扭轉了由於天主教的棄世觀點而引起的對工作的厭惡與懶惰。

(4)新教提倡獨立，鼓勵對自己的命運負責；這在天主教中是不受重視的。

(5)新教創造了一個比天主教「更高尚的道德類型」。

(6)新教比天主教更清楚地把政治從宗教中區分出來。

這就解放了個人，使他們從事多種多樣的經濟活動，容忍不同的觀點，最終導致了經濟的變遷。

顯然，在這裡，作者給我們列出了新教之所以能成為孕育現代資本主義經濟人之搖籃的邏輯鏈。事實上，作為阿拉伯文化核心的伊斯蘭教，對阿拉伯社會的影響也與新教相類似。其信仰與務實的交融，使得信仰者變得文明、禮貌、勤勉、自制，具有更高尚的道德類型，並能不自傲於世俗事務，而在日常的生活情境中實踐自己的信仰。這種精神的傳播與綿延，潛移默化，滴水穿石，最終必然導致社會的躍遷。中國俗語說：「得人心者得天下。」也許這對於文化的擴散也適用。

阿拉伯的穆斯林文化今天能如此深入地影響地球上多達一六〇多個國家，到二〇一五年為止，全世界有十八億穆斯林（占地球人口25%），它是當代發展最快的宗教，也是世界三大宗教之一。

滾動的塔基亞原則

在辛巴達航海的故事裡，有一個情節值得回味。那是在他第七次航海中，辛巴達因讚美阿拉而被一群身上能長出翅膀的

「魔鬼、邪神的伙伴」丟棄在荒石上。辛巴達孤身一人，處於危難之中。這時，那夥人中有人向辛巴達提出了一個可以獲救的條件：保證今後不再讚頌阿拉。出於無奈，辛巴達只得從命。後來那人就指起他，一起飛回城中。

在阿拉伯穆斯林的道德倫理中，辛巴達的這種行為是否被允許呢？辛巴達如此表現，是否算是一種「變節」行為呢？也許人們會推斷，有如此嚴謹的宗教功課的阿拉伯穆斯林，自然會拒斥此類「保命」行為。但結論正好相反。因為，辛巴達的行為是完全符合「塔基亞原則」的，是塔基亞原則給了他生的希望。

什麼是「塔基亞原則」呢？塔基亞，是阿拉伯語Tagiy的音譯，原意為「恐懼、掩飾」。「塔基亞」是《古蘭經》確認的一個原則，即穆斯林在受到迫害時，可以隱瞞內心的信仰，暫時不履行宗教功課，否認宗教身分，以達到保護自己的目的。

遜尼、什葉和哈瓦利吉三大教派都不同程度地奉行過這一原則。什葉派由於所處的地位，更是將塔基亞原則奉為基本教義之一。辛巴達藉此原則逃出險境，回家之後，成為更虔誠的穆斯林。因為他深信，每一次得救都是阿拉的恩典。千百年來，塔基亞原則拯救了千萬個像辛巴達那樣陷於險境的穆斯林。

這種塔基亞原則可以讓人遠離迫害，保護自己，正是信仰和務實交融的智慧，在伊斯蘭的塔基亞原則中又一次閃現出神妙的光芒。

退一步為了進兩步，塔基亞原則是應變的智慧。沒有塔基亞原則，就沒有伊斯蘭的今天。在伊斯蘭的發展史上，曾經有過幾次重要的遷徙，這些遷徙也可以稱之為戰略性轉移。每一

次轉移，都給了穆斯林重整旗鼓的機會。

第一次是從麥加遷往阿比西尼亞。穆罕默德成聖之後，在傳教過程中，他本人及他的跟隨者受到的迫害日益嚴重，有的被殺害，有的受折磨，還有的遭凌辱。顯然，在人少力弱、勢孤力單的情況下，與反對派魯莽對峙，可能有滅頂之災。這時，智慧的穆罕默德就勸穆斯林們遷徙到信仰基督教的阿比西尼亞（即衣索匹亞）。於是，一部分穆斯林為了躲避迫害，繼續信守他們的宗教而遷往那裡，先後共有兩次。第一次去了十名男子與四名婦女，他們是悄悄離開麥加的。在阿比西尼亞，他們與人相處得很好，生活安定。當聽說故鄉麥加的形勢有所好轉，他們就又返回麥加。當他們回到麥加後，異教徒對他們迫害得更加厲害了。於是，八十名男子拋下妻子和孩子，再次遷到阿比西尼亞。這些人一直住到穆罕默德西遷到麥地那才返回。這次戰略性轉移不僅保存了一大批有生力量，而且錘煉出一批忠誠信仰的中堅骨幹。

另一次是穆罕默德和麥加的穆斯林集體遷往麥地那：這是伊斯蘭歷史上最為輝煌成功的戰略轉移。遷居麥地那是穆罕默德事業成功的轉折點，是伊斯蘭歷史的新紀元。儘管麥加是伊斯蘭的發源地，在麥加有穆斯林朝拜的天房克爾白。但是，在麥加，伊斯蘭的反對派力量強大，因為麥加本是拜物教的中心，一切違反拜物教風尚的新事物都會遭到反對。在整個阿拉伯半島，「血緣和宗系」影響之大，莫有甚於麥加地區者。任何侵犯部落和家族利益之事，都必遭到麥加貴族的強烈反對。所以當穆罕默德成聖之後，有一段時間，他所在的古萊氏部落曾同他斷絕了往來，並對其追隨者進行封鎖。這期間，穆罕默德及其親屬與跟隨他的人都躲在麥加郊外的山上。只有在禁月，穆罕默德才能來到阿拉伯人中間。因為依阿拉伯風俗，在

禁月是禁止相互為敵、不能仇殺、不能以強凌弱、不能侵犯別人，也不能復仇的。

與其與強敵對峙，還不如避其鋒芒，到麥加以外「血緣宗系」影響小的地方再圖發展。穆罕默德在做好了準備之後，毅然決定讓麥加的穆斯林遷到麥地那。為了避人耳目，他們是分批悄悄退出麥加的。穆罕默德自己也是穿上別人的衣服，在夜色中擇小路而秘密離開的。整個遷徙行動，生動體現了伊斯蘭精神的靈活性與應變能力。作為一種宗教，卻不像一般宗教那樣僵化固執；作為一位先知，卻像常人那樣能進能退，能屈能伸；遷徙，作為戰略性後退，卻是一次更大進展的前奏。在麥地那，穆罕默德使穆斯林們獲得了休養生息的機會，不到八年，就創造了一支由幾百人壯大到幾萬人的穆斯林大軍。公元六三〇年，穆罕默德親率一萬大軍，攻克了麥加，終於凱旋而歸。由此引來了阿拉伯歷史上著名的「代表團之年」。那是穆罕默德光復麥加後，聲威大振，遠近各部落紛紛歸順。他們派出各自的代表團，前往麥加，向穆罕默德表示，他們決心皈依伊斯蘭教。阿拉伯半島由此從分裂走向統一。

當成功的輝煌展現在面前時，如果我們順著時間隧道作一番逆向思維：如果穆斯林當初不退出麥加，如果穆罕默德也堅持「與異教徒戰鬥到最後一天，最後一口氣」，那末，全部歷史就將完全改寫。塔基亞精神給了穆斯林權變之術。

重內容勝於重形式：塔基亞原則是務實的智慧。在所有的世界性宗教中，也許穆斯林的宗教功課是最為特別的了。

在伊斯蘭世界，沒有神職人員，沒有修道院，沒有和尚、尼姑、道士。清真寺不是供神之處，而是人們集會禮拜的場所。全體穆斯林過著世俗生活，但每個穆斯林又必須完成每日

五次的禮拜，每年一月的戒齋，甚至一生一次去麥加的朝覲。在其他宗教中，這也許是一部分神職人員的「功課」，在此是每位信徒的職責。這種宗教生活的嚴謹性、普遍性，甚至會使不信教者想起來都覺煩難。但一千多年來，自穆罕默德時代開創的宗教習俗，不但沒有引起人們的畏難，而且被完好無損地流傳至今，在今天都煥發出蓬勃的生機。

追根溯源，也許人們應該讚美體現於塔基亞原則中的一個基本思想：重實質勝於重形式。塔基亞原則甚至允許穆斯林在受到迫害時，可以假意否認自己的宗教身分而躲避災難，給了人們在「堅持信仰的前提下，具體情況具體對待」的最大自由。事實上，由於每一個穆斯林與阿拉的聯繫都是他個人內心的事，所以出於無奈的虛假的口頭否定，也無傷於他心中的虔誠。這種重內容勝於重形式的思路，使穆斯林的宗教功課，在繁文縟節背後，體現出其他宗教中所罕見的合情合理性。

以穆斯林的幾大功修為例，雖然禮拜前的大淨和小淨對每個做禮拜的穆斯林都很重要，因為「大淨是穆斯林的盔甲，小淨是做禮拜的鑰匙。」（穆罕默德語）但是，伊斯蘭教法還是規定了小淨中的一些特殊便利，如在作了小淨之後穿上襪子，而且一直穿在腳上，那麼在你需要再作第二次小淨時，就不需要脫掉襪子，再洗一次腳了。同樣的做法還被擴展到穿靴子上。只要靴子的鞋面與鞋底都沒弄髒就行。這意味著，一天之中，除了第一次要脫襪洗腳之外，只要後來沒有脫過鞋、襪，一天之內的其餘幾次禮拜就不必那樣做了。又比如，身體某一部位受了傷，若在小淨時用水洗會使傷口惡化，那就只需用濕手抹過那包著傷口的紗布繃帶就可以了。

戒齋，也是穆斯林的一項重要功課。但也不是每個人不分老幼病弱或意外的特殊情況而「一刀切」的。伊斯蘭教法規

定，兒童、神經病患者、理智不健全和殘疾者可以不封齋；病人、孕婦、哺乳期婦女、旅行者、在經期的婦女或因工作而不停流汗的人也可以不封齋。不過一旦上述情況過去了，就要補足齋期。對另一些特殊情況，如年齡過大或身體虛弱者，也可以不封齋，但他們每缺一天齋，得供給一位貧苦的人每日兩餐的伙食或繳納特別慈善費作為補救。對在戒齋中出現的另外一些特殊情況而壞齋的，教法也規定了具體的補救辦法。

對於納天課和朝覲，名為全體穆斯林的功課，實際上主要是針對富有者。納天課的起點，須連續擁有最低應納天課水平的盈餘財產一年的、有「餘錢剩米」者。窮人無錢，只須出力——幫助他人就行了。對於朝覲，更是要求人們視具體情況而定。雖然朝覲是每個穆斯林的天命，但是，只有在下述情況下，朝覲才是允許的——

(1)成年且身體健康的穆斯林。

(2)有足夠旅費的人。靠乞討來的錢作朝覲的費用，嚴格來說是不允許的。（這一點，與佛教就有很大的區別。在佛教，也許還是一種特別虔誠的表現。）

(3)沒有債務的人。去朝覲前，必須備足一年全家的生活費用。如果有債務，需要還清債務之後，再備足一年的全家生活費用，才能去朝覲。

(4)路途安全。如果途中有戰爭、匪情、地震、洪水等情況，可暫時不去朝覲。

(5)國內外形勢穩定。如果身體情況永不可能具備朝覲的條件，則也可以用「雇人代朝覲」的辦法，來完成此項功課……

無需羅列更多，僅這些就足以表明伊斯蘭智慧的務實性。阿拉伯人正是通過一系列詳而又詳、細而又細的教法說明，使令人望而生畏的清規戒律，一條條變得和藹可親，對人體貼入微。形式上的聲色俱厲背後，隱藏著內容上的合情合理，正是塔基亞智慧給人的啟示。

　　由一及多，舉一反三，塔基亞原則是一種滾動的智慧。這首先要從阿拉伯人的立法程序談起。阿拉伯的穆斯林具有四大立法依據。它的四個主要法律根源是：《古蘭經》、「聖訓」、「公議」、「類比」。《古蘭經》被認為是阿拉的啟示，是基本的法律淵源。「聖訓」是僅次於《古蘭經》的第二大立法依據。由於《古蘭經》對於律例只有原則性規定，沒有作具體分析。於是，穆罕默德的言行，即「聖訓」，就成為對《古蘭經》原則規定的解釋和補充。「公議」，阿拉伯語稱「伊制馬爾」，是伊斯蘭教的第三個法律淵源；原意是指整個穆斯林社團，包括法律專家和一般人全體一致的意見；實際上是由公認的權威學者穆智台希德根據《古蘭經》和「聖訓」作出決議以立法。最後就是「類比」，阿拉伯語稱「格亞斯」，即推理判斷，是伊斯蘭教法第四個法律淵源；穆罕默德去世後，是初期「哈里發」（即穆罕默德去世後，伊斯蘭宗教和世俗統治者的稱號）國家中「意見派」法學家為立法需要而採用的一項立法原則。

　　八世紀下半葉，這種原則得到了正式肯定。這是一種特殊的推理形式；借助於這種推理方法，將《古蘭經》、聖訓、公議確立的原則擴大應用到那些淵源未作明文規定的問題的解答上。「類比」的前提條件是：必須以《古蘭經》、聖訓、公議為基礎或出發點，結論不能與上述三項原則確立的判斷相矛盾；賴以類比的訓誡或實例應具有普遍性；律例的根源必須明

白無誤。塔基亞原則作為《古蘭經》規定的原則，借助於類比，滲透到社會生活的各個領域之中，成為一種由一及多、舉一反三的滾動的智慧；由此造就了阿拉伯人待人處事極為現實和靈活的態度。

在阿拉伯民間故事中，有一個《商人和沙漠強盜》的故事。話說一位商人在印度經商，賺了一大筆錢之後，返回家鄉。路經沙漠，遇到了一夥強盜。強盜要搶商人不久前才買的一群駱駝。當時，被商人雇來護路的部族人堅決不肯，決心為保住駱駝，哪怕失去生命，也要和強盜拼到底。而商人卻主動與強盜講和，除了自己騎用的駱駝外，其餘的駱駝都留給了強盜。事後，部族人十分想不通，同伴也責備商人，不該把錢財白白送給了強盜；這種做法是向強盜屈服，只能說明自己軟弱，讓人瞧不起。

商人聽後，不多言語，只是請同伴到他的家中作客。席間，商人讓自己的妻子出來端飯菜。同伴們都被她的美麗折服了。飯後，商人終於向大家披露了他當時的想法。

商人說：「你們看見了吧！世上難道還有什麼人，不顧及這麼漂亮的妻子，而偏偏為了那點俗世浮財去冒生命危險嗎？假如我被挖掉了一隻眼睛，折斷一條腿，或者臉部受了重傷，連妻子都討厭我，我朝夕都會受折磨。即使我死裡逃生，錢財再多又有什麼用呢？再說，我大部分的錢財都在我騎的那隻駱駝的背上呢！」

聽完商人一席話，大家都佩服商人的智慧和遠見。也許，這個民間故事對阿拉伯人的思維視角是個極為典型的說明。這正是塔基亞智慧的一種泛化。

如果說，這位商人從其職業特點出發，比一般人更為靈活

也更加現實的話，那麼在另一個阿拉伯民間故事《阿維特‧薩塔特》中則顯露了一個普通人同樣的思維視角：

　　那是阿拉伯人的五口之家，爸爸、媽媽和三個女兒。女兒都已到了出嫁年齡，有幾個人曾來求婚，都被作父親的拒絕了，因為父親覺得他們之中誰也配不上他的女兒。三個女兒中，小女兒長得最可愛，也最得父親喜歡。一天，有個外鄉的黑人來向父親求親，提出要娶小女兒。父親自然不同意。黑人再三懇求，也沒打動父親的心。後來，黑人就用武力逼婚了，說：「你不把女兒嫁給我，我就殺死你。」

　　此時，那位父親怎麼辦呢？故事中寫道：「父親覺得弱不抵強，一個人對付不了他，況且覺得這個人是好強之徒，不達目的是不會善罷甘休的，弄不好真有被殺的危險，於是同意了這門親事。後來，小女兒在她聰明的姐姐啟發下，運用智謀，擺脫了黑人，最後找到了一位稱心如意的郎君——阿維特‧薩塔特。」

　　整個故事洋溢著敘述者一種靈活、現實的處世精神和生活態度。此類故事在阿拉伯民間故事中不在少數。顯然，這是由塔基亞原則的滾動與泛化而形成的社會民族心理。

　　孫子兵法說：兵不厭詐。塔基亞原則，從敵我雙方戰鬥的角度來講，實際上也是一種戰術。「隱瞞內心的信仰」、「不履行宗教功課」及「否認宗教身分」，都是一種迷惑對方、保護自己的手段。「隱瞞」、「不履行」、「否認」都是一種詐術，表面上與伊斯蘭教毫無干係，內心卻隱藏著更為強烈的信仰。通過「隱瞞」而保存有生力量，以利來日東山再起，捲土重來。魯迅先生曾經提倡過一種塹壕戰術，大意是：雙方實戰，赤膊上陣未嘗不可，但穿件背心似更好，畢竟可以有所遮

掩；進而如能挖幾道壕溝與敵作戰，那就更好了：能打就打，不能打就躲進壕溝避避；有時就可以憑藉壕溝，向對方發動攻擊。壕溝的出現，實質上是戰術思維的一種極大的進步。原始初民是不懂得也不知道利用壕溝的，現代人如不經過戰術智慧的訓練，也不會有利用地形、地物的意識。

塔基亞原則正是阿拉伯人的精神塹壕，用以與敵進行周旋的法寶。它的明智與現實，與八國聯軍侵華時義和團高喊著「刀槍不入」，揮舞大刀，以血肉之軀面對侵略者荷槍實彈的壯舉相比，後者雖似乎英勇悲壯，可敬可佩，但仍不免令人感到某些悲哀：這樣的行為，失敗也在所難免；敗固不能歸於缺乏勇氣，而只能說是缺乏智慧——信仰與務實分離。所以，塔基亞原則——進退有方，信仰不離務實，不僅在於其戰術的靈活性，更在於其思維方式的合理性。

黑格爾說：「凡是現實的都是合理的，凡是合理的都是現實的。」阿拉伯——伊斯蘭文化，從其誕生至今，還不到兩千年，卻已是世界上任何人都不敢輕視的強勢文化。這一源自沙漠的文化，能如此吸引生活在高山大川、綠洲平原的人們，必有其合理性為他民族所折服。「塔基亞原則」便是其中之一。這是一種不同於「百年翻譯運動」一類取人之長的智慧，而是一種善於保存實力，以利再戰的智慧。兩類智慧綜合，其偉力自是不同一般。

我確已把人造成具有最美的形態

一提起宗教，人們自然會想到禁慾。在基督教文化中，當

亞當和夏娃偷吃了上帝的禁果之後，「人慾」便直接被釘上了原罪的十字架。佛教雖然反對極端的縱慾和極端的禁慾，但在其全部佛教教義的總綱——「四諦說」裡，其中的「苦諦」和「集諦」，事實上還是把人慾作為「萬惡之源」。

　　在佛教看來，所謂「苦」，是指精神上的期待得不到滿足的心理狀態。換言之，它並不以肉體或物質為苦因，而以精神上的主觀為苦因。因為現實世界原為無常、無我的，與人們的心理要求難相一致，故謂世間是苦。「三界無安，猶如火宅。」「天網恢恢，疏而不漏。」所以，佛教認為，「苦」被壓迫而不能解脫之義。「苦諦」在於說明社會人生的真相是充滿了苦惱和不安的。那麼，是什麼引起了「苦諦」呢？作為苦諦之因的是「集諦」。佛教謂「集」，有聚合義，招感為性。意思是說，由於自心的「無明」，執著於無窮愛慾的滿足，產生錯誤的行動（因惑造之），各種煩惱（苦）便由之而來（依業受報），即苦果由惑業招感而生。現在的苦果是由過去的惑業所生，未來的苦果是現在的惑業所生；苦果生處，惑業相隨，惑業與苦果二者互為因果，循環相續，遂聚合為不已的生生死死，苦無盡頭。顯然，「惑」乃人慾也。佛教經過這番「因緣」、「流轉」，還是把人慾推上該「殆滅」的境地，與基督教的原罪說實是殊途同歸。在一般人眼中，禁慾似乎已是宗教的題中之義。

　　然而，在所有世界性宗教中，伊斯蘭教似乎是個例外。伊斯蘭教以其順乎人慾、合乎人情的教義，使這個產生於中世紀的最年輕的世界性宗教，信徒之眾已多於早於它一千多年的佛教而僅次於基督教。

　　伊斯蘭的魅力，也許能從下面的一個小故事中折射出來。

在阿拉伯世界的大學問家艾哈邁德·愛敏的巨著《阿拉伯——伊斯蘭文化中》中，曾提到過這樣一件事：

有一天，阿卜杜拉·木·阿慕爾告訴穆聖：他不睡覺，不吃飯，也不履行對家人的義務，一心崇敬真主。穆聖聽了，並未讚揚他，而是對他說了這樣一番話：「阿卜杜拉呀！你比真主的使者做得還好，因為真主的使者既把齋，又吃飯，又吃肉，又要履行對家人的義務。阿卜杜拉呀！你確實對不起真主，對不起你的身體，也對不起你的親人。」❻

很明白，故事的主旨在於告訴人們，一個人如果不把齋、不吃飯，也不過家庭生活，反而違背了真主的美意；不僅不是對真主的崇敬，而是一種對不起真主、對不起自己和家人的蠢舉。這與基督教和佛教的某些說教相比，確是令人為之耳目一新。

事實上，伊斯蘭教對人慾這一不同於以往的識見，在《古蘭經》對亞當和夏娃偷食禁果之罪的巧解中已露出端倪了。禁果為何物？《古蘭經》中說，當他倆嘗了那棵樹的果實時，他倆的陰部便對自己暴露出來了。他倆只好用園裡的樹葉遮蓋自己的陰部。這表明，食禁果是與人的性覺醒聯繫在一起的。而性慾，以現在弗洛伊德的泛性論看來，乃屬人慾之首。所以，食禁果之罪既是人違約之罪，也是人縱慾之罪。在基督教《聖經》的《創世紀》裡，上帝對亞當和夏娃這一偷食禁果的舉動是極為震怒的，當場詛咒了夏娃、亞當及蛇，並把他們逐出了伊甸園。而在《古蘭經》中，真主對於這樣的行為雖然不滿，但還是接受了他倆的檢討和懺悔，寬恕了他們；並且，還給他

---

❻ 〔埃及〕艾哈邁德·愛敏：《阿拉伯——伊斯蘭文化史》（第二冊）。

倆指明了一條出路：「你們都從這裡下去吧！我的引導如果到達你們，那麼，誰遵守我的引導，誰在將來就會沒有恐懼，也不憂愁。」

這顯然與基督教把亞當和夏娃偷食之舉判定為原罪，並由人類世代繼承極為不同。不同之一，在伊斯蘭的視野中，這不是一種不可恕宥之罪，而是一種可恕之罪。亞當和夏娃的懺悔曾被真主所接受。不同之二，這也不是一種人不能自己解救的罪，而是只要聽從真主的引導，人可以擺脫罪藪，走向天國。不同之三，這也不是一種人類需世代繼承之罪，而是一種各人自負之罪。所有這些不同，都或多或少透露出一個信息：人慾的可容性。《古蘭經》開宗明義，對亞當、夏娃故事所作的闡釋，顯然是往後一系列關於人的看法之前奏。順著這樣一個開端，阿拉伯──伊斯蘭文化形成了自己獨具一格的人慾定位。

如果讀一讀伊斯蘭的聖典──《古蘭經》，人們不難發現其中對人的看法甚至洋溢著人道的光芒。

惹人注目的是，伊斯蘭教認為真主「確已把人造成具有最美的形態。」（95：4）這與在人的靈魂之上套上「原罪」的枷鎖，或者貶抑人性，認為人的肉體與生理的需求是其精神上之妨礙的宗教是迥然不同的。這一短短的斷語，已包含了伊斯蘭教對人及人性、人慾最為基本的看法。

其一，它賦予人慾、人性以天然性。由於人的一切是由真主造就，也就是說，人性與人慾是人與生俱來的；既然是與生俱來的，那就不是人之錯，它的存在是天然合理的。其二，它賦予人慾、人性以不可滅性。由於真主所創造的事物是不可變更的，那也就是說，人性與人慾也不是可隨意創造或消滅的，消滅人慾或抑制人慾是對不起真主的。其三，它賦予人慾、人

・古蘭經

性以神聖性。由於真主給了人天地宇宙間最美的形態，那也就是說，人是天地宇宙間的精華，人慾、人性作為使人之為人的本質部分，它的存在就不僅天然合理，而且相應地具有了神聖性。

在這樣的眼光之下，伊斯蘭教對人採取了比較全面的看法，承認人的個性不可分割，人在精神、智慧、情感、生理和其他方面上的個性形成一個整體。一個穆斯林並不被要求或期望去泯滅他的天生慾念和意向，他要做的只是要使其每一方面都合乎伊斯蘭教的道德標準，並使其慾念和意向限於真主所規定的範圍之內。用這種眼光評判上述阿卜杜拉的行為，自然要說他對不起真主、對不起親人，也對不起他自己了。

這一人慾定位，不能不說是順乎自然；它使伊斯蘭世界在個人的宗教生活和社會生活兩方面都形成了自己的特色。

在伊斯蘭教看來，一種真正平衡和對真主敬慎的生活，並不會偏重於某一方面而抹殺另一方面，而是要對人生的各方面

保持著一種均衡。禮拜、齋戒、閱誦《古蘭經》和其他奉獻性行為，是一個穆斯林生活上非常基本的主要部分；但這還需要與他生活上的其他基本和主要部分相並而行，以同樣對主敬慎的精神，盡力去取悅他。

因此，伊斯蘭教並不承認宗教與世俗之間的對立。《古蘭經》規定的功修如禮拜、齋戒、濟貧和朝覲，也包含著對穆斯林大眾身體、情感、智慧、社會和物質上各方的裨益；《古蘭經》並不忽略社會生活中諸如商業貿易、執行公正、結婚和離婚、飲食等一些實際事物，但在談及這些實際事物時，也不忽略人在精神方面的追求。在所有這些方面，虔誠的信仰和求實的態度，在這一順乎自然的人慾定位之中，被巧妙地結合起來了。

伊斯蘭教在飲食方面的禁忌是眾所周知的。被《古蘭經》明令禁止的食物包括自死物、血液、豬肉以及未誦真主之名而宰殺的動物。禁食此類食物的宗教意義在於：為保持一種心靈上的純樸潔淨、保持思想的健康理智，滋養一種熱誠的精神。但是，只要結合《古蘭經》誕生時沙漠地帶的社會歷史環境，人們不難發現這同時也是一種有效的防病措施，堅持貫徹，則有益於個人與民族的身心健康。比如對自死物，有的伊斯蘭教學者在解釋這些規定時認為，自死物不可食的原因有二：一是凡自死物必有毒。二是一切生物均有二性：本然之性和氣質之性。本然之性對人生有益，而氣質之性則是由血氣而生，為貪惡嗜慾之性，有累於人心者也。去除了血氣，食之才有益於人的身體健康。所以，生物必宰而後食之。這是為了除淨血氣之故。

《古蘭經》還規定：即使牛、羊、雞、鴨的自死，如病死、凍死、砸死及壓死等非宰殺而死的禽畜，均不可食，因為

凡自死之物，其血液未必從體內全部流出，血液中難免有某種病毒、細菌之類東西，所以不可食。至於血液，即使是因宰殺而流出的血液，包括牛、羊、雞的血，為了防微杜漸，也不可以食。由此可見，這些禁忌又是十分實用和合乎自然的。這種特徵在伊斯蘭飲食文化的許多方面都表現出來，稍一留意，俯拾皆是。

《古蘭經》禁戒人們吃污穢的食物，但又准許人們吃一切合法又佳美的食物，並不需要人們為了修行或表示對教義的虔誠而故意素食或節食。與此相應的另一特色是：伊斯蘭教徒對宰牲畜是十分重視的，他們向阿拉祈禱，但並不向阿拉奉獻，因為教義明確說明阿拉並不需要這些牲畜的肉。《古蘭經》對此也做了合乎情理的解釋：「它們的血和肉都不能達到真主，而你們的虔誠能達到他。」（22：38）這種做法既是宗教的，又是世俗的，非一般智慧所能創造。

如果說以上的戒律都涉及到所食之物的質，那麼《古蘭經》對所食之物的量都做了某些指點。《古蘭經》中有言：真主不喜歡過分者。你們應當吃，應當喝，但不要過分。這也就是叫人們在食用可食之物時，不能過分和毫無節制。對於禁食之物，如果人們在迫不得已的情況下食了之後，該如何處置？《古蘭經》甚至對這種例外狀況也已為人們想到，其中說：「凡為勢所迫，非出於自願，且不過分的人，雖吃禁物，毫無罪過。」（6：146）這些條文已不僅僅只是一種求實，而是立基於對人們生活中可能出現不確定性的預見和洞察，立基於一種對人類生活的深刻理解和博大寬容了。

伊斯蘭順乎自然的人慾定位，不僅映現在伊斯蘭的飲食文化上，也同樣映現在他們的服飾文化上。當伊斯蘭教興起之後，社會上開始出現一些走極端的傾向：有的人為了表示自己

對真主的虔信，開始學習某些基督徒的打扮，以為必須穿粗毛織衣以示質樸。

一次，罕馬德・本・賽勒麥來到巴士拉後，法爾蓋德・辛吉穿著粗毛衣去看他。罕馬德見了這種裝束，當即對他說：「丟掉你這身基督徒的打扮吧！」「以真主起誓，如果你們的裝束是出自本意，那是你們的喜愛，否則，你們要被毀掉的。」──言下之意，如果你們不是出於自身的喜愛，而是出於某種目的，哪怕是宗教的目的，在一般穆斯林的眼中，也是不能被允許的。也許沒有別的事例像這件小事那樣，更能說明穆斯林對服飾的看法了。

愛美是人的天性，順乎人性，合乎自然，也是伊斯蘭服飾文化的特徵。伊斯蘭教不僅允許而且要求所有的穆斯林都盡可能做到儀表秀美，衣著講究。因為他們認為，這是對真主所創造的美的一種接納。所有漂亮的飾物和華美的服裝都同樣是真主創造的，那麼，作為真主的子民，為什麼不去充分享受它們呢？真主曾這樣說；「阿丹（即亞當）的子孫啊！我確已為你們而創造遮蓋陰部的衣服和修飾的衣服，敬畏的衣服尤為優美。這是屬於真主的跡象，以便他們覺悟。」（7：27）

當人們意識到裸體是一種醜惡的時候，那麼遮蓋身體就是一種美，更何況衣服依照本身的式樣和色彩呈現出一種美呢？因此，在穆斯林的視野中，服飾是真主給整個人類準備和安排的，以顯示對人類的關懷和注視。所以，誰在衣著上出現疏忽和隨意浪費真主的賜物，那麼誰就已經違背真主的意願而偏離正道，走向惡魔的道路了。真主曾不只一次地向亞當的子孫，即向整個人類發出呼籲，告誡他們不要偏離伊斯蘭教義而走向背離美的道路。因為背離了美，也就背離了善，背離了真主。

真主這樣告誡：「絕不要讓惡魔考驗你們，猶如他把你們

的始祖的衣服脫下，揭示他們的陰部，然後把他倆誘出樂園。」「每逢禮拜，你們必須穿著服飾。」（7：27‧31）

　　所以，作為一個虔信的穆斯林，他不但會注重自己的服飾，以衣服遮蓋裸體，以別於其他赤身裸體的動物，而且，即使他一人獨處，或遠離人群，也會注重自己的衣服和儀表，因為這種愛美之心和恥於裸體的羞怯已是信仰和美德的一部分。

　　當穿衣戴帽成為人們固定的習慣之後，審美的要求便越來越強。穆民們把淳樸和清潔看作美的極至。他們在注意自己的姿態和儀表的時候，又首先把最大的注意力投向清潔方面。他們認為，清潔不僅是一切精美裝飾和漂亮外表的基礎，也是一切裝飾之美的極至。因此，伊斯蘭文化在提到美時，就提到了清潔。穆聖說：「你們應當愛好清潔吧！因為伊斯蘭是清潔的宗教。」（哈巴尼所傳聖訓）

　　穆罕默德曾鼓勵人們要衣服清潔、身體清潔、房屋清潔、道路清潔，特別是牙齒清潔和雙手清潔，以及頭髮清潔，因為至淳至樸的穆斯林應是至聖至潔的。但是，伊斯蘭禁止男性使用黃金飾品和穿絲織品，因為他們認為這些東西是有違於男性美的。同時，伊斯蘭教對於過度裝飾而導致改變真主原造的做法也是不允許的，其中包括紋身和銼牙之類；禁止婦女在衣著上打扮成男人的模樣，也禁止男人在衣著上女性化。這些有關服飾的宗教習俗，實際上與人們文明生活中應具有的品格修養大體是一致的，它使穆斯林在外貌和內心上都能始終如一地具備虔信者的品格。

　　伊斯蘭教以順乎自然的心態對待人慾，另一個極富個性的方面就是他們對待人慾中性慾的態度了。在世界性大宗教中，像伊斯蘭這樣以如此坦蕩的心態對待人的這一基本慾望者實屬

罕見。完全與人們的世俗生活融為一體的伊斯蘭教規，不但對人們可以行房事的時間，而且對房事應循的衛生習慣，都作了細微的指點，令「教外人」讀來，甚至會感覺到一種家長對子女的慈愛。

《古蘭經》教導丈夫和妻子，兩者都要互相愛慕和信任，要把只屬於他們兩個人的事秘而不宣；要原諒對方的缺點，並要以深愛、親切和仁慈的態度對待對方。伊斯蘭教法規定：婦女在行經期間，不得進行房事；婦女分娩後過四十天才能過性生活。教規甚至還規定男女在房事後必須大淨。顯然，這些都是對人們的身體健康極為有益的；同時，也具有節慾的含意。在齋月裡，伊斯蘭也並不禁絕人們的性生活。《古蘭經》中說：「齋戒的夜間，准你們和妻室交接。」「現在，你們可以和她們交接，可以求真主為你們注定的（子女），可以吃，可以飲，至黎明時天邊的黑線和白線對你們截然劃分。」當然，其中也有限制，即「你們在清真寺幽居的時候，不要和她們交接。這是真主的法度，你們不要臨近它。」（2：187）在這些《古蘭經》的教誨背後，所洋溢著的是一種對人慾的寬厚、仁愛、理解、尊重。

伊斯蘭文化順乎自然的秉性，在這個被中國傳統社會中許多人視為最見不得人、最難以啟齒的地方，依然閃爍著務實的智光。在中國傳統社會中，「房中術」可見之於旁門邪道的各種傳抄文本，但鮮見於家訓之中。即使海內外著名的《曾國藩家書》，也絕無一字提及房事。而在一本被稱為《伊斯蘭文明的百科全書》——《卡布斯教誨錄》中，則有專門一章，是卡布斯向兒子們就此事進行教育。

其中說道：「作為人，應當和牲畜有所區別。牲畜不懂什麼時候該做什麼事才合適。人則不同，做事時要考慮到時機合

不合適。」「昏醉時，不要和誰糾纏。這時往往弊多利少。然而在微醉興奮時，卻最適宜同妻妾同房。但也不要心血來潮，說做就做。」卡布斯告訴兒孫：「寥廓的大千世界，最能對我們每個人的微型世界施加影響。」可以在春季多行此事，「因為在這個季節裡，月經增多，精液也更加豐富，人們自然而然都產生要求交際和同房的願望。這時氣候最為相宜，弊病會最小，應該滿足性慾要求。但在酷暑嚴寒季節，應當抑制性的慾望。」伊斯蘭文化的人情味，在此亦表露無遺。

更值得一提的是，與那些其宗教教義與人的慾望和要求隔絕甚至相反的宗教迥異，伊斯蘭教要求每一個穆斯林要理解到真主的禁令並不是武斷、古怪、專制或不可履行的。相反地，真主就其無窮的智慧和仁慈，制定出一些適合人的身體和精神上需要的規則，而這些規則就好像真主為管理他的宇宙而設的「天然法則」一樣，是恆久不變的。由於只有真主才能深切了解人類的整個本性，所以，這些規則是沒有時間限制的，並且適合全人類。它把人類要面對的所有情形和境地都予以考慮，並為避免趨向偏頗，而規劃出一條中庸之道。所謂中庸，就是說，與禁慾主義與縱慾主義不同，伊斯蘭所倡導的今世生活，主張人們享受應該享受的東西，並適可而止；同時又告誡人們，這種享受是有條件的，人們應在真主的指引下，過一種充實、有節制的生活。這就使人們既不至於陷入無窮無盡的慾望泥潭之中，又不至於為壓抑自己的慾望而扭曲人性。正是基於這樣一種總體性識見，在《古蘭經》中，真主阿拉藉先知穆罕默德之口，對人們在今世生活中所要遇到的如上所述的衣、食、性等一系列問題，進行規勸和指導。

在今日的非穆斯林們看來，《古蘭經》以及《聖訓》中對通姦、偷盜者的處置似乎過於嚴厲。經中寫著：偷盜，無論男女，「當刈去他倆的手，以報他倆的罪行。」（5：38）通姦，如果雙方皆未婚，淫婦和姦夫「各打一百鞭」，而且不能減刑；在執行時，要有一夥信士監視（24：2）如果雙方皆已婚，據《聖訓》，各打一百鞭，用亂石擊死。但是，這些罪名必須舉出「四個男子為見證人」時才能成立，否則要以誹謗罪被「責打八十鞭」（24：4）。

　　所以，這些傳統的懲罰手段不僅現在、而且歷史上也極少執行。現在大多數穆斯林國家都有民事法庭和監獄來執法，不必運用《古蘭經》規定的具體刑法。

　　從歷史的角度看，《古蘭經》是在阿拉伯社會的原始時代頒發的，其時他們更多的是受到部落傳統而不是任何法典的支配。在亂倫、溺女嬰、打家劫舍以及族間仇殺司空見慣的古代社會裡，《古蘭經》賦予作為人類社會基礎的家庭和信義以很高的價值，提出對破壞這些基礎的行為予以嚴厲懲處，可以說是一種進步的改革。在當時的社會背景上，伊斯蘭的這些刑法還算是一種溫和的法典。

　　今天，世情變了，事實上誰要是還想完全照字面執行刑法，甚至許多穆斯林也會批評這是曲解。所以，著名的美國政論家托馬斯・李普曼先生寫道：「在引起西方蔑視和畏懼的伊斯蘭教所有因素中，有關犯罪和婦女地位的法律條文，對我們來說，似乎最為生疏。然而，穆斯林在這些事情上一直信守傳統，並把這些傳統奉為社會力量、道德堅定和家庭團結的源泉。雖說伊斯蘭教教法是嚴厲的，但也不見得超過我們自己的法律；我們對伊斯蘭教教法中規定的表面上比較卑微的婦女地位有反感，卻沒有認識到根據沙里亞的規定，婦女可以享受的

真正權益和受到的種種保護。在很多情況下，她們享受的權利比美國許多州的婦女在不久以前的漫長時期裡所享受的權利更為廣泛。」「在一個充滿暴力的世界裡，創始人如果教導穆斯林逆來順受，就會一事無成，然而伊斯蘭教尋求控制暴力而不是鼓勵暴力則似乎是很明顯的。《古蘭經》強調仁慈和寬恕。」❼這位任《華盛頓郵報》中東總分社社長達三年之久的美國老資格駐外記者的眼光的確是銳利的。

　　至此，也許我們無需作進一步的引證，對伊斯蘭智慧就會有新的感受。實言之，嚴刑與寬宥並重，也是伊斯蘭司法智慧的一個特色。任何宗教都帶有或多或少的禁慾成分，但在伊斯蘭教中，它並不像佛教與基督教那樣明顯，而是表現出一種對人慾的合情合理的認可。

　　穆罕默德曾說：「你們不要苛求自己，否則，就會被人苛求。對自己苛求的人，就會被人苛求。那些在寺院和修道院裡修行的人就是苛求自己的人⋯⋯」❽

　　穆聖的話再清楚不過地表明伊斯蘭文化對禁慾的態度，其中還包含著一個方法論思想，即「你如何待己，人如何待你。」這與聖經中的金箴：「別人如何待己，己應如何待人。」正好相對。前者講的是別人是按你待自己的態度來待你，後者講你待別人如何，別人就待你如何；前者與後者最大的不同點是，它指出人們相互對待的方式，不是簡單地「一報還一報」式，而是你「對己認識」、「對己態度」的投射。所以，你要別人對你好，則你首先要自愛與自尊。依伊斯蘭精神

---

❼　《伊斯蘭教與穆斯林世界》。

❽　《阿拉伯——伊斯蘭文化史》。

而言，就是無論一個人身處的外在環境如何，只要你按照真主的規範生活，既不苛求自己，又不放縱自己，就會帶來和平、安定及和諧的生活。這對一般人來講，是更簡便易行的。

穆罕默德在世時，對這個他自己所獻身的宗教，有過這樣一個評語：「這個宗教簡便易行，誰都會被其征服。」❾這是講出了伊斯蘭教之所以能在征服人心的過程中戰勝其競爭對手的一個重要乃至是關鍵的原因。伊斯蘭教的寬容以及對人性採取的求實態度，使他在非洲以及其他地方，贏得了無數信徒。確實，伊斯蘭的智慧為平民百姓提供了合乎人性、富有吸引力的指導和安慰，由人們理解的真主指導他們如何生活，從吃飯穿衣到生兒育女、行房事，使人得到感情上和事實上的滿足；它不僅不與世俗生活相悖，而且又給世俗生活以新的神聖意義。

用亨利・特里斯的話說：「地中海世界經歷了三千年的宗教混亂：眾多的神、被奉為神的法老和帝王、造人的女神、作為上帝喉舌的神職人員、上帝指定的國王和為自己的世俗目的解釋《聖經》的皇帝；有流血犧牲、莫名其妙的禁忌和儀式、廟宇神職人員的歌舞、隱晦的神喻。現在有史以來第一回，上帝自己通過通俗易懂的信徒之口，明確表示不要廟宇、不要祭壇、不要富麗堂皇的祭器和祭服、不要鮮血。」❿這是何等具有魅力啊！

一個合邏輯的結論是——

得人心者得天下，合人性者亦得天下。

---

❾　《阿拉伯——伊斯蘭文化史》。

❿　《伊斯蘭教與穆斯林世界》。

Chapter 2
崇智圖強的智慧

真主加賜奮鬥的人

在阿拉伯世界，只要是真正的穆斯林，不論是男是女，是老是少，是阿訇（波斯語音譯，也叫阿洪，阿衡。指老師、學者或德高望重的人）還是百姓，總不會有日上三竿才起床的。每天早起，進行晨拜，是他們必做的功課。只要聽到清真寺裏的「班達」聲，天雖未大亮，人們也會很快起床，很快盥洗，很快去做禮拜。日復一日，月復一月，年復一年，風雨無阻，雷打不動。在穆斯林中，很少有懶惰者，一般人均有業守；只要是他們聚居的地方，凡在交通要道旁的商號、旅店、飯店，大半都由他們主持經營。

一位哲人說：「與眾不同的行動後面總藏著與眾不同的思想。」什麼思想支撐著阿拉伯人的處世方式呢？

也許從民間故事中，我們能尋覓到一個民族的思路特色。在《一千零一夜》中有個著名的故事，名為《辛巴達航海旅

行》。故事起因於腳夫辛巴達巧遇富商辛巴達後，對富商辛巴達與自己天壤之別的命運差別所引起的感慨。當時，他觸景生情，舉手仰望天空，喃喃嘆道：「我主！你是創造宇宙、給人衣食的主宰，你願意給誰，便毫不計較地給誰豐富的衣食；你願意誰卑賤，便讓他卑賤。你掌握著人們的命運，使他們之中有的奔波、貧困，有的舒適、清閑，有的享樂，有的幸運，有的像我一樣，終日勞碌、卑賤。」繼而他淒然吟道——

誰都是父精母血，
我和他都是一體，
本質上並無差別；
可是彼此間卻隔著一條鴻溝，
有如酒、醋之別。
我倒不是胡言亂語，
只因你是法官，
希望你公公道道地判決。

腳夫辛巴達的感嘆恰被富商辛巴達聽見。於是，富商辛巴達請腳夫辛巴達到他家中，向他講述了自己的經歷：他航海奮鬥，先後共七次，歷時廿七年，在旅途中，每次遭遇到的顛危都很驚心動魄。經過九死一生，最後終於平安回來，得以享受平和的田園生活，以終餘年。腳夫聽後，深為感動，不無歉意地說：「我誤解了你，請你原諒。」此後，兩人成為至交。

顯然，在不知底細前，腳夫把航海家今日的富貴榮華看作是唾手可得的命運安排，而竟不知其中經歷了七次大劫大難。如果不是航海家每次都智勇雙全地奮力與險惡的境遇搏鬥，不用說七次，就是一次都難以使人劫後餘生。同名辛巴達的兩種

境遇，暗寓著同為人類可能有的兩種不同的命運。就如詩中所指，你我本是一體，命運卻如酒醋。如果人能像航海家辛巴達那樣，在人生旅途中不懈奮鬥，那麼終會成為幸福者。辛巴達七次出海所遇的風險，從天災人禍、個人失誤，直至妖魔作祟，實際上已包括了人生的各種災難。每一次絕處逢生，都倚仗著他臨危不懼地奮力拚鬥。顯然，褒揚奮鬥人生，是故事的寓意所在。

如果說民間故事表達的是阿拉伯人心目中奮鬥者的文學形象，那麼在阿拉伯哲學中，褒揚奮鬥人生的氣息也在思辨的靈光中湧動。諸如以下思想的片斷——

在所有折磨靈魂並引起它過度憂慮的種種事情中，被特別譴責的道德疾病是畏懼，尤其是怕死。❶

真正具有美德之人的特徵是：(1)他分須具有所有的美穗，沒有任何惡習。(2)他必須渴望最高的地位，並認為那地位不過是他走向道德完美的旅程中的一個階段。(3)他必須努力學習科學，然後繼續學習倫理學和政治學。(4)他必須尋求博學者和虔誠宗教者的陪伴，避免與浪蕩子和愛尋釁鬧事者為伍。(5)他必須制定「節制的原則」，憑它調節自己日常生活方面的飲食和享受……❷

人應依靠啟發的道路，構成進步的階段：(1)見習的階層。它對那些已經達到十五歲並顯示出理解的敏銳和心的純潔之人開放。(2)領導的階層。它為那些三十歲，已經在公共事務的管理中學會了仁慈、機靈和實踐的精明之人開

---

❶ 〔美〕馬吉德・法赫里：《伊斯蘭哲學史》。

❷ 〔美〕馬吉德・法赫里：《伊斯蘭哲學史》。

放。(3)地方行政官或國王的階層。這屬於那些四十歲、應該要求他人順從並向真主的法律所援助的人。(4)預言的或「天使的」階層。這是所有兄弟們應該在五十歲時所追求的,並由「真理的形象化感性認識」和追溯到「天的王國」及與真主鄰近的特權相隨的。❸

第一個片斷使懦弱與畏懼被歸入人生病態;第二個片斷的每一個特徵都與進取相關;第三個片斷為人生的進步描繪出了理想化階段……這些片斷來自阿拉伯哲學中極不相同的流派,但民族文化的底蘊又使他們異中有同。

總而言之,阿拉伯人奮鬥人生的思想,是與他們對人在宇宙中之地位的認識聯繫在一起的。在被稱為阿拉伯文化的精神淵源、全體阿拉伯穆斯林人生指南的《古蘭經》中,就有許多這方面的論述。其中寫道:真主在創造人的時候,「他創造眾生,然後再造他們。再造對於他是更容易的。天地間最高的典型,只屬於他。」(30:27)這個只屬真主的最高典型,從上、下文看,就是指人。把人視為天地間的最高典型,就再也明確不過地說明了人在宇宙中的地位。《古蘭經》接著說:「他精製他所創造的萬物。他最初用泥土創造人,然後用濺水的精華創造他的子孫。然後使他健全,並將他的精神吹在他的身體中。」(32:7——9)「我確已把人造成具有最美的形態。」(95:4)

這就進一步指明人是天地間的精華,人的精神是最高主宰真主精神的體現,人是真主創造的大地上最美的形態。這是對

---

❸ 〔美〕馬吉德・法赫里:《伊斯蘭哲學史》。

人多麼熱烈的讚美！不僅如此，《古蘭經》還說：「他使你們成為大地上的代治者。」「真主確實是與信士們在一起的。」由此，規定了人的使命。其間透露出來的人神合一的思想，人是真主在大地上的「代治者」的思想，極大地提高了人的價值和人的地位；這在世界性的宗教經典中是罕見的。

在基督教那裏，人因偷吃伊甸園的禁果而背上了「原罪」的十字架；「原罪」成為人類萬世都難以挺起腰桿的重負，進而使贖罪成為現實人類一切活動的永恆主題，成為人類個體人生的奮鬥目的，人需用自身在現世的奮鬥業績實現自我的救贖。雖然這種救贖性的奮鬥也曾產生過巨大的精神推力，使虔誠的基督教徒為了來世能進入天國而一生辛勤勞作，過著宗教禁慾的生活。但這種自我救贖性的奮鬥因人在原罪面前，從而也是在上帝面前的深深負疚感而帶有對人性的貶抑色彩。

在這種罪感中，人性與神性是完全分離乃至對立的，人為了獲得神的寬恕而必須永遠貶抑與謙卑自身。這是一種帶著凝重色彩與壓抑情調的人生。宗教禁慾生活是這種救贖性奮鬥的邏輯必然。

在阿拉伯人那裏，情況正好相反。雖然真主與人的關係是創造者與被創造者的關係，供給者與接受者的關係，人是真主的奴僕，但人是遵循著真主的旨意治理人生，人是真主在大地上的「代治者」，人的「奮鬥」是「代治者」的奮鬥。在此，人性與神性不是分離，而是合一的，人的精神就是真主精神的體現，因人的精神是真主在創造人的時候就給予人的。這裏沒有「原罪」的重負，而洋溢著人的自信自豪。人因自己是「天地間的最高典型」和「具有最美的形態」而對人性充滿了肯定。這是一種帶有鮮亮色彩與高昂情調的人生。沒有修道院，

沒有終身禁慾不婚的修女、修士以及和尚、尼姑之類人物，與這種「代治者」的奮鬥正相吻合。由此也可以使人領悟到，《古蘭經》之所以能成為鼓勵阿拉伯人以及所有穆斯林積極進取、勤奮樂觀的聖書，絕不是偶然的。

阿拉伯人奮鬥人生的思想又是與苦行主義區別開來的。阿拉伯人在鼓勵人們對人生奮鬥的時候，十分重視人的現實物質利益和當時當世人們的現實生活。《古蘭經》說：「眾人啊！你們可以吃大地上所有合法而且佳美的食物。」（2：188）又說：「當禮拜完畢的時候，你們當散步在地方上，尋求真主的恩惠。」這就告訴人們，只要合乎信仰，不違背阿拉的旨意，人們享受現實人生是阿拉的恩惠。

即使對於一些被認為是違背了信仰的物質嗜好，《古蘭經》也不是將之貶為罪惡，而是採用了極為合乎人情、合乎心理、合乎實際的做法。比如對於飲酒和賭博，《古蘭經》一方面說它們「都包含著大罪」，但又肯定其「對於世人都有許多利益」，只不過「其罪過比利益還大」；並且還把做不做此類行為的主動權交給人們自己，經中提出了「每人應對自己的行為負責」（52：21）的思想，讓人們自己做主，自己為自己的行為負責。這就與那種悲觀的苦行主義與禁慾主義很清楚的區別開來了。

一些專門研究伊斯蘭教經典的專家曾有如下一說，他們寫道：「以為宇宙之大，物類之繁，都不外是為人而生，待人而用。倘人類無慾，舉世皆淡恬無聊，悲觀厭世至上，自然界的潛力將無法顯示其效用，人類天賦的智慧亦被困於無用之地。這非但違反了人性，而且有負於造物的聖意。故慾者乃真主予人類最恩惠的賞賜，也就是人類幸福的源泉。倘吾人無慾，萬

物於我何用？」❹在現代人的視野中，這是一種多麼強烈的「人道」因素，又是一種多麼積極的入世態度。在此，人慾有了它存在的正當性乃至神聖性。「慾者乃真主予人類最恩惠的賞賜。」——這與禁慾主義和苦行主義是完全相對的。它指明人慾是真主恩惠的、允許的，也是真主提倡的。在此，人慾不再是罪，而是人類的幸福之源，奮鬥精神之源。人若無慾，這才成為悲劇，因為它將使「舉世皆淡恬無聊」，「萬物於我無用」，人類現代的智慧也將被遏制、廢棄。誠然，《古蘭經》也教導人們要抑制和控制各種慾望，約束多種情慾，並用「修行」與「戒齋」的方法，使人們實踐此點。但它的整體內容並不是否定人的現實生活，否定人的自然慾望，而是要求人們「應當學會如何在塵世間的生活中求得真主喜悅，把人生慢慢引向真理之途。」

對於人生的「不完美」，《古蘭經》並不像基督教那樣，視作是人前定的罪孽，而指出人今生的不完美是自己造成的，人要改善人生，拯救人類自己，就應該到今世的人生中去工作，以補益人群，完善自己，從而為自己將來能進入天國創造條件。所以，阿拉伯人奮鬥人生的思想充滿著通達、樂觀的精神氣息，合乎人性，順乎人情，與貶抑、悲觀的禁慾主義與苦行主義恰成鮮明的對照。在佛教和基督教那裏，認為人生的一切苦難都是伴隨著生命現象的產生而出現的，有生命便有了一系列的煩惱與痛苦。所以，否定今世的人生生活就成為題中之義。此點佛教表現得更為明顯。佛教認為人間世界毫無生趣，布滿了苦楚，走進去就是走進了擺脫不了的苦海；認為人生沒

❹　《中國伊斯蘭教資料彙編》。

有價值，主張完全離開人生，追求來世，要求人們離開現實生活去「修煉」成佛，追求那個斷滅生死的涅槃境界。這種富於禁慾和苦行色彩的修煉是一種擔著沉重心理負擔的自我折磨，為一般正常人所難以承受。

《古蘭經》為阿拉伯人奮鬥人生的思想奠定了一個高揚人性的基調，使之較其他宗教更合乎人的性靈世界，更易為普通人所接受，所實踐。這就自然使阿拉伯人奮鬥人生思想具有第三個特色，即奮鬥於人生的具體事物之中。在《古蘭經》中，奮鬥於具體事物中的人具有很高的地位。其中有一節說道：「沒有殘疾而安坐家中的信士與憑自己的財產和生命為主道而奮鬥的信士，彼此是不相等的。憑自己的財產和生命奮鬥的人，真主使他們超過安坐家中的人一級，真主允許這兩等人要受最優厚的報酬。除安坐者所受的報酬外，真主加賜奮鬥的人一種重大的報酬——從真主發出的許多品級、赦宥和慈恩。」（4：95——96）

奮鬥的人得到真主加重的恩賞，這一點具有重要意義。雖然《古蘭經》從宗教角度出發，維護真主的至尊地位，要求他們靜心禮拜，專心修行，但它又把真主的最高獎賞給予奮鬥塵世的人。這就可以看出《古蘭經》最終重視的還是人們的實際行動。號召人們立足於塵世奮鬥，在今世奮鬥，是《古蘭經》倡導的奮鬥精神的一個特色。這是一種與人們世俗生活和世俗幸福緊密聯繫在一起的奮鬥精神。它不僅不禁止信徒享受今世生活的幸福，而且還鼓勵人們追求合理的物質生活享受。

比如，對於一些由於不堪忍受當地異教徒的壓迫，而向另一個可以生活的地方遷徙的阿拉伯穆斯林，《古蘭經》不但不指責他們「打退堂鼓」、「不堅守陣地」，而且予以鼓勵，認為向另一個可以生活的地方遷移，也是為主道而奮鬥的例子。

它明白告訴人們：「在被壓迫之後，為真主而遷居者，我在今世誓必使他們獲得一個優美的住處，後世的報酬更大。」（16：41）此外，它還進一步向人們指出，奮鬥是有利於人自身的，是在為人自身的利益而奮鬥。「凡奮鬥者，都只為自己奮鬥。真主確是無求於全世界的。」（29：6）

《古蘭經》中所蘊含的這種重人們的今世奮鬥又允許人們享受今世生活的內容，千百年來，在阿拉伯社會的實際生活中產生了重要影響。

與基督教和佛教的此類教義比較起來，《古蘭經》的教誨更現實，更貼近人們的世俗生活，從而也更易為平民百姓所接受。佛教的出世性質使它要求成年累月以吃素等禁慾與苦行的方式來修行，基督教新教是入世的，但它需要以世俗生活的全部成功來證明自己是上帝的選民；而在阿拉伯人的信仰中，真主加賜奮鬥的人，所被看重的是實際奮鬥的人，是奮鬥的實際行動，並直接與今世的世俗幸福聯繫在一起：「誰為主道而遷移，誰在大地上發現許多出路和豐富的財源……真主必報酬誰。」（4：100）

航海家辛巴達的奮鬥經歷，無論是他與妖魔的智鬥與獲勝，還是他七次出海經商本身，以及他在今世就享受到的富裕生活，都是阿拉伯人這種奮鬥人生精神的完美寫照。這是一種完全滲透於人們世俗生活的一切行為之中，與人們的世俗生活打成一片的精神，無怪乎它能如此有力地改變原來貝都因人魯蠻的遊牧生活習慣，形成現今阿拉伯人耐勞的工作精神與勤勉的日常生活習慣。由此也可以使人領悟到《古蘭經》之所以能成為鼓勵阿拉伯人積極進取、勤奮樂觀的聖書，絕非偶然。這

種基於人的自信與自豪、合乎人性人情、立於世俗生活實際行動的奮鬥人生思想，由於它獨特的靈活性與務實性，不但教化了阿拉伯民族自身，而且也吸引了穆斯林以外人們的興趣。個中緣由，很難說與其生存智慧的魅力沒有關係。

在我創造的萬物中，我只喜歡智力

在阿拉伯人的許多民間傳說中，有一個關於阿拉與智力的故事。故事中說：在阿拉創造世界的那天，他創造了風，並命令風吹打海面，使之掀起波濤；他命令海水的泡沫變成堅硬的地球，浮在海面上；這時，水蒸氣和浪花就變成了雲。然後，阿拉把存留在地球表面的水劃分為七大洋，同時形成了七大洲。阿拉創造了太陽、月亮和星辰，讓它們不停地運轉以照亮地球。但是，人們如何才能知道阿拉創造了這些奇蹟，並理解它們呢？於是阿拉創造了智力。智力誕生後，阿拉對智力說：「現在你得到了理解事物的能力。」智力一試，覺得果然如此。阿拉見智力理解了這個被自己所創造的世界，心中喜樂，最後對智力說：「在用我的力量和威嚴創造的萬物中，我只喜歡你。我願通過你，告訴人們該做什麼和不該做什麼。我願通過你，給人們以思考。我願通過你，確認人們的行為。我願通過你，給人們以懲罰。」從此，阿拉喜愛智力；甚至在審判日，阿拉也不用懲罰無知者那種方式對待智力。

初讀這個故事，人們也許會認為它只是一首對智力的讚美詩。但是，你不妨稍微轉換一下思維切入的角度，從思考方式著手考察它，一個與眾不同的思路也許就會出現在你面前──

故事中，阿拉創造了智力並讓智力吸收知識。當智力照此辦理之後，就有了理解事物的能力。這個情節的鋪陳顯然意味著在當時阿拉伯人的思路中，他們已把智力和知識作了區分；在他們眼中，智力與知識之間並沒有等號相連。智力是一種獨立於知識，並可以吸收知識的東西；知識只有被智力吸收，依附在智力上，人才能獲得理解事物的能力。故事雖短，但對智力的凸顯在這裏卻是非常鮮明的。

如果我們的考察並不就此止步，進一步反思全部情節，就會進一步發現故事中隱藏著一些更為重要的信息：其一，阿拉伯人不僅把智力和知識區別開來，而且認為智力在人們認識和理解事物的過程中起著主導作用；智力可以支配知識，因為他們認為是智力去吸收了知識。其二，阿拉伯人不僅在智力和知識的關係中凸顯智力，而且在智力與世界萬物的關係中，抬高智力的地位，將智力的重要性置於萬物之上。因為他們認為智力是阿拉最喜歡的東西，阿拉在他所創造的萬物之中獨鍾智力。其三，阿拉伯人不僅認為智力可以幫助人們理解事物，而且認證智力能決定人受恩惠或受懲罰的命運。因為他們認為是阿拉通過它，確認人們的行為，使人們受惠或受罰的。

如此看重智力，在認識史上也屬少見。事實上，在阿拉伯民間，還有不少此類看重智力的故事。《一千零一夜》中記載的《陶瓷督督和學者答辯》的故事就是一例。

故事中，博學多才的女奴陶瓷督督與學者們有這樣一段關於智力（理解力）的對話——

「你是憑什麼認識阿拉的？」

「理解力。」

「何謂理解力？」

「理解力分為因有的與人為的兩種。因有的理解力是阿拉賦予奴婢的，人為的理解力是奴婢根據經驗、學習而獲得的。」

「理解力在人身的什麼地方？」

「理解力首先產生在心裏，然後逐漸伸長，並固定在腦海裏。」

在《古蘭經》中，也有這樣的章句：「你說，有知識的與無知識的相等嗎？惟有理智的人能覺悟。」（39：9）

民間故事是民族生存智慧的結晶。所有這些信息，都表明阿拉伯人對智力有著特殊的見識：僅就故事而言，在故事的第一層面上，當阿拉伯人把智力與知識區分開來時，實際上他們已在對認識能力與認識本身作出區分。從認識論的角度看，知識無非是一種認識的成果，而吸收知識則是一個認識的過程。所以，在智力與知識二者的關係中，凸顯智力，強調智力的主導地位與支配作用，實際上就是強調認識能力在認識過程中的主導地位與支配作用。把這種認識化為求知的實踐，就是強調提高求知能力比獲得知識更重要。用我們現代的語言來說，就是認為提高人們分析問題與解決問題的能力比單純吸收知識更重要。有了這種能力，沒有知識可以變為有知識，從舊知識中可以創造出新知識。如果把能力比作煉金術，把知識比為金子，那麼在金子和煉金術之間，阿拉伯人要的是煉金術。在故事的第二層面上，當阿拉伯人說真主阿拉獨鍾智力，並通過智力，使人受惠或給人懲罰，甚至在審判日都優待智者時，是進一步對崇尚智力的神聖性與價值性作了確認。阿拉最喜愛的自然是最重要、最神聖的；同樣，在審判日受阿拉優待也自然是最有價值、最有意義的。由此，故事在第一層面上表達的思想

進一步在第二層面上得到了昇華和鞏固。

至此，智力在每個信仰阿拉的阿拉伯人心中具有了至高的地位，成為他們渴慕、追求、期望擁有的東西。顯然，這種認識對於當時在科學文化方面處於落後狀況的阿拉伯人如何趕超先進民族，具有方法上的啟示意義。

如果阿拉伯人僅是如上所述，從認識論或知識論的角度評價智力，那麼，他們實際上還未走出那些先進民族已劃定的認識圈子。阿拉伯人在此不同於其他民族的做法是，他們把智力與善行、智力與美德緊緊地聯繫起來，使智力這個屬於認識論的範疇，具有了倫理和宗教的意義。

從智力與善行的關係談，阿拉伯人認為智力是真主對人的善行所給予的最高恩惠。《一千零一夜》中有個關於蛇女王與哈西甫‧克里曼丁的故事：人面蛇身的蛇女王為了報答哈西甫‧克里曼丁的真誠友情，便囑咐他喝下用她的肉煮成的湯。故事中說——

哈西甫，克里曼丁不顧一切，大膽喝了之後，真主便讓他心中湧出智慧的泉源，替他揭開鑒賞學術園地的慧眼，致使他頓時心情舒暢，感到無限快慰……他抬頭仰望天空，一眼看穿了七層天，諸如天體之運行、行星和恆星之間的差別、海空的外形等錯綜複雜的現象，無不羅列在他面前。從種種現象方面，他受到啟迪，轉瞬間變為精通幾何、占星、天文、數學等學術的泰斗……繼而他俯視大地，地面上的植物、埋在地下的礦藏都映入他的眼簾，且能識別其特質和用途。他受到這方面的啟迪，搖身一變而為精通醫術、煉丹、點金等法術的大師，從而掌握了點鐵成金、點石成銀的技能。

故事表達了獲得智力是對善行最高獎賞的觀念，字裏行間洋溢著對智力的讚美與渴求。把智力作為對善行的報答，使智力本身被提升為一種極高的善。進而言之，無論是崇智還是求智，從此都具有了無可指摘的倫理意義。事實上，平心而論，智力只是一種中性的東西，它既可為善，也可以為惡。但對處於特定歷史條件下的阿拉伯人來說，對智力與善行的關係作如是說，無疑具有積極意義。當智力與求智一旦被賦予倫理意義之後，阿拉伯人在學術方面的活動是引人注目、令人驚嘆的，只有伊斯蘭教興起初期阿拉伯人的遠征能夠與之相比──學者們將自己分成若干軍團，每個軍團負責征服一個未知或含糊的領域。學者們恰似征戰中的各個部落，奮勇殺敵，競相攻占各自的科學堡壘，並將這些學科記錄下來，使之系統化。

　　於是，在科學的戰場上，湧現出許多傑出的將領，他們在智力競賽中爭雄鬥勝，各顯神通。如艾布‧哈尼法編纂了法律學；哈利勒‧本‧艾哈邁德受到他的鼓勵，發奮編寫了詩詞格律，並制定了語言學大綱，甚至想以他卓越的智慧，創制「一種簡便的算術，可供小姑娘購買物品時使用，不致上當受騙的口訣。」其他學科的情況也如此。從倭馬亞王朝的阿拔斯王朝所留下的這筆財富，成為阿拉伯人日後整個學術生活的基礎。

　　阿拉伯人不僅將智力與善行聯繫起來，他們還將智力與美德聯繫起來。這種觀念已不僅是表現在民間故事一類的通俗文化之中，而且表現在哲學之中。如在百年翻譯運動中的一個主要人物、雅各派學者葉海雅‧本‧阿迪的哲學思想中，他認為與理性的力量（一種高層次的智力）相適應的美德是吸收知識、正確處理個人或公共的事務、友誼、寬大為懷、忍耐和節慾；而不良地運用理性將產生狡詐、偽善和妒忌這樣的惡習。

只有這種高層次的智力才能使人遠離獸性，一個人的卓越是與理性控制另兩種力量密切相關。因為葉海雅把人之道德的基本差異歸於可能由使靈魂的三大力量——關於食慾的、被情慾所支配的、與理性相互對立的那種壓力和緊張而產生的不協調。這樣，當關於食慾的力量牢牢控制高層次的智力——理性時，他將成為與其說是人，還不如說是更像野獸的東西，將使他的自然衝動與慾望放任自流。另一方面，當他被情慾所支配的力量控制時，他將成為肆無忌憚或志在報復的，將通過進入與他的同伴們的交戰行為而告終。只有當理性這種高層次的智力控制了食慾和情慾這兩種力量時，人們才能使它們進入相互協調的境界。因為靈魂一旦真正服從理性的力量，它在辨別什麼是好的或壞的、有益的或有害的方面，將碰到少得多的困難，理性的力量將成為指導生活的根據。

由此可見，無論對智力作怎樣的理解，知識論或認識論的也罷，倫理學的或道德修養方面的也罷，它始終是被強調的東西。智力的這種優先地位在社會上逐漸培養起一種不僅崇智求智而且注意用智的風尚。這自然又產生了兩方面的效果：就其積極方面而言，在「引進智力」過程中的用智，使阿拉伯文化在廣泛吸收異邦、異族文化成果的進程中，始終沒有脫離阿拉伯民族自身的特色。

以阿拉伯的建築為例，在其典型的阿拉伯風格中，滲透著波斯的幾何圖形、花形及燈光、圓頂等裝飾圖形的優點，又有早期基督教藝術的影響，甚至還可以找到西班牙摩爾人的王室宮殿和印度陵寢的影子。它衝破了一切時間與空間的限制和種族的區分，發展成一種獨特而多姿多采的風格，並以前所未有的精巧別緻和姿態紛呈表現出阿拉伯文化的修養與精神。這種

風格不僅僅是源於模仿，而且是將外來的長處予以智慧地綜合的結果。在這種風格裏，絲毫沒有對外來文化的恐懼，而處處洋溢著一種對自己的智力與能力的妥善運用。阿拉伯人的建築藝術是對阿拉伯人求知用智最形象化的注釋。

當阿拉伯人進入敘利亞時，還只有簡單的醫學知識和工具，但是，他們通過向希臘和印度的醫術學習，很快得到發展，他們不但創立了醫院和門診制度，而且在藥物學方面貢獻尤大。阿拉伯的醫學名著《曼蘇爾醫學》對那時前人未能解決而又十分猖獗的天花等流行病，提出了先進的治療方法。數百年來，歐洲一直出版這本阿拉伯的醫學名著；直到十九世紀，英國還出版了此書的新版本。

這種青出於藍而勝於藍的成就，離開了引進中積極的創意思維，也是無法想像的。就其消極方面而言，它使一些阿拉伯人背離了往日那種質樸而單純的生活作風，而變得功於心計與擅用詭計；這自然與「智力」的中介性有關。這在當時的文學和歷史學中表現得極明顯。

《詩歌集》在曼蘇爾‧奈米里的傳記裏寫道：曼蘇爾想奉承哈里發拉希德，知道他討厭什葉派的詩歌，於是他在自己的詩歌中就攻擊阿里的子孫，並堅決認為阿里家族不配繼承哈里發之位。用這種辦法博得了拉希德的歡心，領到大量的封賞。其實，曼蘇爾還是個什葉派的信徒，他對阿里子孫的謾罵就採用拐彎抹角、含沙射影的方式。詩人中，誰摸透了哈里發的脾氣稟性，誰讚頌哈里發，並攻擊哈里發的仇敵最凶，誰就能得到哈里發的恩寵。有的學者就迎合朝廷，並用心計博得寵愛。

在阿拔斯時代，歷史也成為一種宣傳手段。有些歷史學家迎合哈里發的心理，編造歷史，投其所好。塔巴里通過他人之口，曾講述了哈弗斯的一件事。他說，他的朋友西沙姆‧凱勒

比平日很窮，總是穿著破衣爛衫，騎一匹瘦驛。有一天，忽見他衣著華麗，騎一匹金色駿馬，不免十分詫異。原來，他已平步青雲。事情全由編歷史開始。有一次，這位朋友被哈里發召去為其讀書。他從話語中揣摩出哈里發的好惡，於是讀了一半就把書扔在地上，詛咒其作者。哈里發大悅，還告訴他，此書的作者是安達魯西亞國王。這位朋友立即歷數這位國王昏庸無道之事。哈里發立即命人作了記錄，並命郵驛火速送往該國。事後，這位朋友便獲得了重賞。此類事情，在阿拔斯王朝的歷史學家中時有發生。與前述在吸收科學文化方面許多阿拉伯人的創意智慧相比，這些舉止也許能稱之為了成功的負面創意性智慧了。

當然，「阿拉最看重智力」這一命題的本意，是要人利用他們的理智與理解力去趨近真主及生活。若不加思索地模仿社會上其他人的做法，只因為那是「潮流」，這對於一個穆斯林來說，是不允許的。此話的隱意是在於指出生活中若沒有理解和反省，單憑個人的誠心是不夠的。心中的虔敬是隨著心智上的理解而來的。所以，真主最看重智力。但人的心智發展是一個系統工程，當智力被凸顯之後，那麼不僅在與真主的關係中，而且在智力與世間其他事物的關係中也就同樣被凸顯出來。在世俗世界中，沒有這種對智力地位、作用、功能的全面覺悟，一個與世隔絕的遊牧民族要走向世界是絕無可能的。所以，就阿拉伯人凸顯智力，注意心智條件對自身發展作用的作法，無論從哪方面講，都是一種高明之舉。

學者的墨跡比殉教者的血跡更加高貴

　　尊重學者，至今仍是阿拉伯世界普遍的社會風尚。除了《古蘭經》之外，同樣也能受到全社會普遍尊重的是教師這一職業。阿拉伯教師在國內待遇之高，使不少發達國家都為之瞠目結舌。與此相關，在那裏鼓勵人們求知、求學問的俗語、民諺也很多，譬如：「聰明才智優於好的出身。」「應該去追求真才實學，不要過於看重出身貴賤。」「獲得知識優於聚斂財物。」「沒有文化，就像一個人不著衣服，沒有臉面一樣。」這些內容都反映出知識、學問在阿拉伯社會中的價值地位。

　　一個源自遊牧部落的民族，何以能有這樣的價值取向呢？
　　這個信念的淵源來自穆罕默德。在阿拉伯世界，穆罕默德的話語和思想具有無可估量的感召力。穆聖不同於世界上多數的宗教改革者，他不但不反對科學，而且還鼓勵對知識的追求。在傳播伊斯蘭教的過程中，他昭示了阿拉伯人一個重要思想：「學者的墨跡比殉教者的血跡更加高貴。」
　　從歷史上看，學者在穆罕默德時代具有那麼崇高的地位，是與當時阿拉伯社會的現實狀況與傳布伊斯蘭教的實際需要分不開的。蒙昧時代的阿拉伯人並沒有科學、哲理可談。在經濟最發達的古萊氏人中，能書寫者僅十七人，在另兩個部族奧斯族與海茲勒支族中，能書寫者總共才十一人。
　　穆罕默德本人是個文盲，目不識丁；所以，當時阿拉所降的默示，都要靠旁人抄寫。而當時為穆聖抄錄默示者，據史書記載，他們自己的寫作技術還遠沒有達到熟練的程度。因為寫作的水平差，既不按一定的格式，也不依照聽寫的規則，對於同音字或近音字往往混淆不清。同是一個字，有時在這裏少兩

· 穆罕默德

筆，而在那裏又多兩筆，錯誤很多；這就直接影響到默示記錄的準確性。同時，伊斯蘭教的傳播也必須依靠能書寫、能誦讀的人。只有依賴能書寫的人抄錄，能誦讀的人口授，才能傳布到不能讀寫的人中間去。由此，這些能讀寫者就成為傳布伊斯蘭教的關鍵一環。從某種意義上說，他們直接決定著伊斯蘭教在整個民族中的命運，他們的功用遠大於一般的殉教者。

人們普遍認為，聖門的第一代弟子是阿拉伯世界最早的學者。這時期的學問，宗教學的活力最大，範圍也最廣。人們都來研究《古蘭經》的意義，注解《古蘭經》的內容，從《古蘭經》中創立出律例來，這就是經注、聖訓、法律……等。其次一類的學問是歷史、故事、傳記等。第三類學問才是哲學、倫理學、化學、醫學……等。當然，所有這些還只是學術的萌芽，系統的學術這時還沒有產生。

這一代學者大多被分散到伊斯蘭國家各個地區，也就是被分派到各個城市從事教育。穆罕默德在世時，已派人到葉門和

巴林群島等地。征服麥加後，又派人到麥加。到了哈里發歐麥爾的時代，穆斯林幅員增大，國土日廣，被派分赴各方的學者就更多了。

奔赴各地的學者，首要任務自然是傳布伊斯蘭教。據艾哈邁德‧愛敏——著名的阿拉伯史專家估計：「伊斯蘭教初期第一流的學者有數人，第二流的約二十人，第三流的約一二○人。」❺這些學者所到之處，無不建立學校，招收學生。由各學校學成的人便成為再傳弟子，三傳弟子，從此代代相傳。

學者們對伊斯蘭教事業的價值，從一個側面也可反映出來：歐默爾曾勸哈里發艾布‧伯克爾不要讓第一流學者阿穆士離開麥地那，出征到敘利亞，艾布‧伯克爾則認為像他這樣自願為教犧牲的人，不應加以阻止。歐默爾理直氣壯地回答哈里發道：「為人類的需求，應該留下阿穆士。一個人就是睡在床榻上，也同樣能為宗教犧牲的。」❻當歐默爾派當時另一位著名的學者阿布杜拉‧買斯歐德到伊拉克的庫法去時，曾寫信給庫法的民眾說：「我派阿布杜拉‧買斯歐德為你們的導師與長官；我寧願使自己受損失，而使你們得以享受他的學問。」後來，這位學者便長久居住庫法，成為一個學派的領袖人物。

也許正是這樣的歷史境遇，使「學者的墨跡比殉教者的血跡更加高貴」在阿拉伯世界成為一種社會共識，一種感性經驗的昇華，催發了造就文明前進所需的全部社會精神要素。

「學者的墨跡」——墨跡既然是學者的，它就不會是文盲

---

❺　〔埃及〕艾哈邁德‧愛敏：《阿拉伯——伊斯蘭文化史》。
❻　〔埃及〕艾哈邁德‧愛敏：《阿拉伯——伊斯蘭文化史》。

的塗鴉或老爺們的鬼畫符，而是學習、探索的產物或沉思默想的紀錄；總之，是一種閃耀著理智光芒的人之靈性。

「殉教者的血跡」——血跡既然是殉教者的，它就不會是部落間復仇者的無謂犧牲，而是虔信者為信仰所付出的代價和祭品。這是一種宗教激情，體現了人的虔誠與忠勇；它是一種閃耀著趨善光芒的人類情性。

當人們認為「學者的墨跡比虔信者的血跡更加高貴」時，也就是在理智與情感二者之中，作出了前者比後者重要的傳統判斷，將理智置於情感之上。對理智與情感關係的這一價值定位，對公元七世紀初，剛翻開新生活扉頁的阿拉伯人，具有重要意義。因為理智的凸顯就是對理智的崇尚，而崇尚理智是社會進步、趨向文明的首要前提。

從穆罕默德「學者的墨跡比殉教者的血跡更加高貴」這一哲語中，所能引申出的教益是多方面的。無疑，學者和殉教者都是真理的信仰者。但信仰與信仰並不都是一樣，人類生活中歷來存在兩種層次、不同水平的信仰。高水平信仰基於對真理的理智追求，不是一種人云亦云、隨大流的從眾行為，也不是心血來潮的一時衝動，更不是如痴如狂的迷信，而是理智深思熟慮後的自覺行為。

信仰者對其所信的事物，不但知其然，而且知其所以然。低水平信仰則是對真理的情感性崇拜，雖是一種發自內心的熱愛與崇敬，但因其濃郁的情感色彩，總不免帶有盲目性。所以，當人們在意識深處將學者的墨跡看得比殉教者的血跡更重要、更高貴、更有價值時，其涵義之一，是在肯定學者們自覺探究和認識真理的舉動，認為它比殉教者的壯烈行為更可取。顯然，這是在提倡以理智的自覺去對待所信奉的真理。

其次，學者和殉教者都是真理的傳播者。對真理的傳播，

・穆罕默德傳教

人與動物有天壤之別。人不是猴子，無法僅靠本能的遺傳獲得
生存的本領。作為萬物之靈，人的生存與發展不僅靠動物性本
能遺傳，更靠專屬於人的獲得性遺傳，即靠後天的學習來繼承
前輩已達到的文明成果。

　　自古以來，人類知識與文明成果的接受與傳播有兩種形
式，一是口傳，二是書傳。口傳是以傳授者和接受者面對面地
直接交流為基本方式，這種方式不但會受時空的阻隔，或參與
人數相對較少的局限，而且也會因傳播者生老病死不可阻擋而
中斷。歷史上那些沒有文字的文明之所以失傳，主要是由口傳
的局限性所造成的。而書傳則不需要傳播者與接受者的直接見
面，它不但不受時空的阻隔與人數的局限，而且也不受傳播者
壽命與健康的限制。

　　人，都能不同程度地受教育，不同程度地繼承前人已有的
知識財富。所以，自文字發明以來，書傳就成了主要的人類文
明傳播方式。人用文字、符號識別，理解前人的東西，記下自

己的東西，傳播他人的東西。正是在這一意義上，卡西爾把人稱為符號的動物。

學者的墨跡，作為知識和學問的文字記錄，它對真理的傳播，具有不可替代的優越性。所以，當人們在價值上把墨跡看得比血跡更高貴時，其涵義之二就是肯定書籍的重要性，肯定運用書籍去記錄與傳播真理比個人的言傳身教更有效、更可取。顯然，這裏所倡導的是對理智沉思的果實——書籍的珍視。在這一認識之下，學者，作為智者，作為書籍的撰寫者、智慧的創造者和傳播者，自然會更加受到社會的尊重、褒揚。

由此可見，透過「學者的墨跡比殉教者的血跡更加高貴」這個判斷，向阿拉伯人灌輸的是崇尚理智、崇尚書籍、崇尚學者、崇尚探究知識和學問的行為這樣一些觀念。正是這些觀念，為阿拉伯文明的成長壯大提供了源源不絕的巨大精神動力。它們為阿拉伯人指明了立足社會、安身立命的價值取向，造成了接受教育、追求知識與學問的普遍社會心理基礎。一個社會，當追求知識和學問被視為是最有價值的高尚行為時，人類智慧的生長就得著了最好的沃土。

誠然，在其他民族文化中，也有不少珍視知識與學問的民間風俗。諸如在我國民間，至今有不能將帶字的紙當手紙以免變愚一說。這類民間風俗，反映了對知識和文化尊重與敬畏的社會心理。而阿拉伯人思路的可貴之處在於，他們把高尚與虔誠行為的標準定位在對知識與學問的探究上。這一定位，使阿拉伯文化充滿了一種令人欽佩、生氣勃勃的力量，它所引起的社會後果是尊師敬賢、全民求知。如果我們將這一定位與中國傳統社會中的「民可使由之，不可使知之」的愚民政策相對照，與秦始皇的焚書坑儒相對照，與十年浩劫中所謂砸爛一切封資修文化的行徑相對照，與當年稱「知識分子為臭老九」，

認為「學問越多越愚蠢」、「文化越多越反動」的情況相對照，其間的差別何啻霄壤。

七世紀初，阿拉伯人還處於蒙昧時期，幾乎全是文盲。但是，僅過了一百年左右，據史學家記載，在公元八九一年時，巴格達一地已有了一百多家圖書商。可見，能讀寫者，已不計其數。當巴格達被蒙古人摧毀時，全城已有卅六所公共圖書館。隨著對書的珍重，藏書也成為時尚。十世紀時，一批阿拉伯王公的藏書總量，已可以與歐洲所有圖書館的藏書總和相匹敵。有的私人藏書，多達需四百隻駱駝才能運完。

總之，從八～十一世紀，除了唐明皇時代的中國之外，地球上已沒有其他地方的人會像阿拉伯世界那樣擁有如此眾多的藏書。在以後的幾個世紀，正是阿拉伯人保存和發展的希臘羅馬文化精神，經過穆斯林統治的西班牙和意大利南部再度傳入西方，促進了歐洲文藝復興運動的發展。阿拉伯世界自身也通過書籍以及與對方交往，學習和吸收了其他民族的精華，形成了燦爛的阿拉伯文化。

Chapter 3
群體生存的智慧

我同你們一樣，是個凡人

　　《華盛頓郵報》資深記者托馬斯・李普曼在談到阿拉伯世界的清真寺時，有過這樣一段觀感：「按照習慣，進清真寺時先要脫鞋。在開羅和亞歷山大任何清真寺門外的鞋架上，可以看到清真寺起著使社會和經濟平等的作用。在清真寺裡，所有人在真主面前都是平等的。破舊的便鞋、軍人的靴子和油亮的皮鞋並排在一起，猶如它們的主人 —— 在日常生活中被巨大的經濟和社會鴻溝所隔開的人 —— 作為一群會眾，在一起禮拜。」李普曼不愧為著名政論家，他從排列著的鞋子背後，看到了隱藏其中的社會意義：清真寺裡有一個與外面不同的世界，阿拉伯人可以在這裡找到在外面世界也許不屬於他的尊嚴和社會平等。

　　清真寺裡的世界是一個徹底平等的大同世界。首先，成為這個世界一分子的資格不是由人授予的，而是通過自覺自願的行為，即順從阿拉的行為而得到的。從詞義上看，阿拉伯語

「伊斯蘭」的意思為順從，即順從真主的旨意。「穆斯林」是它的分詞形式，意思為順從者。它的詞根與Saleam（和平）這個詞的詞根是相同的。

在這個世界中，一切有關信仰和行為的準則都是真主通過穆罕默德傳播到世間的，人們根據真主的旨意制定法律。但伊斯蘭教沒有天主教那種「教會戒律」，因為它沒有教會。從理論上講，它是一種沒有牧師、沒有聖徒、沒有僧侶集團或聖禮的宗教信仰；沒有人介於信徒與真主之間。不過，有研究神學的人，有帶領會眾做禮拜的人，有布道的人，有解釋《古蘭經》的人，還有宗教法問題上向人們提供諮詢的人。

但在正統的伊斯蘭教裡，沒有中央教義機構，沒有相當於主教或紅衣主教團的人，沒有教皇；一句話，在人與真主之間沒有中間人。因為沒有聖禮，所以任何人都不需要特殊聲望或等級來履行聖禮。這意味著沒有神職人員，意味著所有穆斯林在真主阿拉面前是平等的。每個穆斯林直接向真主懺悔，任何人都無權給予或不給予寬恕，正如任何人無權同意或不同意信徒加入大家庭一樣。

入教不必通過什麼聖禮儀式。它沒有原罪說，所以沒有洗刷原罪的洗禮儀式，也就沒有逐出教會的事。伊斯蘭教經文說：只有罪人本人才對自己的行為負責，他的祖先或後代都沒有責任；人的靈魂沒有什麼遺傳的污點需要清洗，因此毋須以此作為入教的條件。

連穆罕默德也奉旨告訴全體教徒：他沒有任何特殊地位，與真主沒有任何特許的聯繫。《古蘭經》說：「我不對你們說，我有真主的一切寶藏。我也不對你們說：『我能知幽玄。』」（6：50）這就告訴人們，如果他！這位被視為最後

一位先知和近於至善的人——也不宣稱與真主有特殊關係，顯然就沒有其他凡人可以自稱與真主有特殊關係了。穆罕默德還將自己的人性同作為先知的作用明確區分。他說：「我同你們一樣，是個凡人，在真主啟示我的諸事上，你們必須服從我的教導。但你們比我更懂得世俗事務，所以我在這方面的建議不具約束力。」

這樣，根據伊斯蘭教義，世上無論何人，都不應受到崇拜；除了真主，誰也不能成為祈禱的對象。所以，當一九八一年，教皇約翰・保羅二世訪問巴基斯坦和印尼時，這兩個國家的穆斯林簡直有點不知所措，因為伊斯蘭教中沒有與教皇職位相稱的位子。雖然在穆罕默德去世之後的七十年裡，曾有過一個世俗權威作為穆斯林的首領，這就是哈里發，阿拉伯語為「創世人穆罕默德的繼承者」。但即使在其鼎盛時期，哈里發的職位也不能與教皇相比。因為哈里發的權力主要是在世俗事務而不是在教義方面，他們沒有神授的權力。

由於每個穆斯林只對真主阿拉負責，所以，即使今天世界上存在的各種伊斯蘭教的國際性宗教權威和神學團體在一夜之間消失了，伊斯蘭世界也不會因此而大受影響。也許就因所有這一切事實，才構成了李普曼所看到的清真寺門外鞋架上的那種排列和組合。

確實，清真寺裡的人們，在阿拉面前人人平等。這種平等與基督教世界上帝面前人人平等的信念比較起來，對普通人來說，更為理想，從而也更具魅力。原因是顯而易見的——

（一）它比基督教世界的平等更徹底，因為它不承認在個人與真主之間有任何中介，那就意味著否定了包括先知穆罕默德在內的宗教特權。它給了每一個普通的穆斯林直接與真主的

心靈對話的權利。這樣做，不僅杜絕了像基督教的教會與牧師這些神與人之間的中間環節因具有特權而可能產生的種種弊端，而且使每個穆斯林在信仰的道路上更有信心——在真主面前，從王公到平民，每個人的地位是平等的，權利是平等的，獲得真主喜悅的機會也是平等的。所以，清真寺沒有專為尊貴者留出的位置或座位。禮拜者按先後來到，排成一行行隊伍，不分社會等級、財富和種族。這樣，人們沒有理由不以實際行動去爭取真主的青睞。穆罕默德作為凡人，他的言行舉止、品德修養能達到至善的程度，作為處於與穆罕默德同等地位的人們，就沒有理由不加倍奮鬥。

（二）它比基督教世界的平等給予信徒更多的自主。由於每個穆斯林是直接向真主懺悔，別人無權決定是否給予寬恕，所以，這種與真主的交流是在與外界深深的隔絕中進行的，它既保護了人們的隱私權，又給各種自我慰藉留下了廣闊的餘地。這種平等給了每個穆斯林比基督教遠為寬鬆的個人空間。

（三）它比基督教世界的平等更具前瞻性。基督教的平等以原罪面前人人平等為基礎，基督徒的一生就是不斷贖罪以獲拯救的一生，猶如一件負債要不斷還債一樣。這種沉重的負罪感，使每個基督徒在自己的「生命資產表」上實行著倒數計時。而在穆斯林那裡，人的靈魂沒有什麼遺傳的污點需要清除，無論哪個穆斯林，如果他希望來世進到真主的樂園之中，只要歸順真主，接受《古蘭經》，向真主祈禱，做老實人，說老實話，寬厚為懷，仁慈待人，生活簡樸，不驕傲自大，不誹謗他人，捍衛自己的信仰，實踐著真主期望他今世要做的事就行了。所有這一切，不是還債，而是在向未來投資，具有與前者迥然不同的情緒感受。

僅舉上面的這三個方面，也許已能表明《古蘭經》所塑造

的世界其魅力之所在了。也許，這也是青出於藍而勝於藍的必然結果。

　　伊斯蘭教是世界上幾大宗教中最年輕的，儘管它是古老的阿拉伯宗教長期演變的結果，但它的概念性根源是猶太教和基督教。穆斯林認為他們的宗教繼承並糾正了猶太教和基督教的傳統。猶太教經典和耶穌的先知使命，《古蘭經》都以涉及的形式體現出來。《古蘭經》說，上帝就是阿拉伯人叫作阿拉的這個上帝，曾經喜愛猶太教徒和基督徒，在聖經裡向他們揭示了「他」的真理，但他們偏離了「他」給他們的啟示，跌進錯誤和腐敗的淵藪。不管怎麼說，阿拉伯人後來居上，在《古蘭經》塑造的世界中享受完全的平等。當全阿拉伯乃至全世界的穆斯林不分種族、男女、富貴貧賤，不用說每天五次，那怕每天一次，居然面向地球上同一個目標跪拜，僅這事實本身就極其壯觀地顯示了這個世界的平等與一致。

　　也許，人們正是從這裡可以尋找到伊斯蘭世界至今仍有虎虎生氣的原因。是它的平等性及由平等帶來的樸素性、實用性和適應性，使這個世界獨具魅力。因為對生活在現實生活中的人們來說，他必須每天面對兩個殘酷無情的事實——

　　事實之一，人們生活在變化不定的環境中，一些對他們的安全和利益具有重大意義的事件是無法預測的。人的全部冒險性活動，不管經過如何精心策劃或巧妙實施，都排除不了導致令人失望的結局之可能。由於這樣的活動常常有強烈的感情成分滲雜其中，令人失望的結局便會給人們的精神帶來深刻的創傷。即使是在今天這樣技術先進的社會中，命運女神仍然變幻莫測和飄忽不定，何況是對當時經常出入於沙漠、以經商為生

的多數阿拉伯人。

　　事實之二，人們控制和影響自己生活的能力是極為有限的，許多時候，人們所期望的東西不可能全部得到。死亡、痛苦、強迫，這是在生活中經常發生的事。無論對誰，從一定的意義上說，在需要和環境發生衝突面前，人實際上是處於一種無能為力的狀態之中。

　　事實之三，社會上有窮人又有富人，社會財富的分配有天地般巨大的差異。貧富的存在意味著在人際關係方面支配和服從的存在，而且現實生活中的因果報應並不與人們的期望一致。「好人不長壽，壞人活到九十九。」是社會中經常發生的現象。顯然，不論是對個人的行動還是社會系統的持續運行，都要求人們對這個殘酷的事實做出某種解決。在《古蘭經》所創造的這個世界中，阿拉伯的穆斯林通過兩條途徑，解決了這個難題。他們在阿拉面前人人平等的信念中，創造了一個現實世界所沒有，在信仰世界中則遠比基督教和佛教世界更平等的新世界；現實中沒有的平等在那裡得到完全的補償。這種補償的完全、徹底，使任何人在真主面前不比別人更特殊，哪怕他家財萬貫或者權傾一方。就像他們的鞋子平等地排列在清真寺門外的鞋架上一樣，他們每個人在真主面前是處於同一個起點；同時，他們又通過實行「行善者進樂園」、「最先行善者最先進樂園」這一對每個穆斯林來說具有「機會均等」性質的平等，使那些在現實生活中遭受的不幸與困苦，在這種更宏大、更長遠的目標面前顯得似乎是合理的，人們以此使不幸和挫折獲得了某種新意義。

　　這樣，生命就有了意義；它由於此時此地的一切作為與末日審判相適應而成為有意義的了。正如《古蘭經》中說：「今世生活只是遊戲和娛樂。」（57：20）顯然，塵世利益和世俗

權力都是虛幻的，那些在世上追求財富的人也許能得到財富，但那些棄絕世俗野心，討阿拉喜歡的人——即那些樂善好施、照顧孤老、生活儉樸、說話誠實的人——也許能得到更大的財富，那就是進入樂園。

不難想像，當一個人每日每次在向真主祈禱中受到上述兩方面的觀念鼓舞時，會產生出怎樣的精神狀態？至少，它會具有這樣的功能：借助於每日向真主禮拜，《古蘭經》所創造的世界可以發揮支撐、慰藉和調解的功能。阿拉伯人通過禮拜，與未來發生聯繫，並對此做出實際的反應。

在無常的變化面前，阿拉伯人需要感情上的支撐；在遭受失望之際，他們則需要心靈上的慰藉；而當他們與社會的目標和規範發生異化時，他們則又需要與社會相和諧。面對這些人類生活固有的內容，《古蘭經》的世界在情感上對人們提供了重要的幫助。這種功能一旦得到發揮，它就會對現有的價值觀和目標起一種支撐作用，增強人們的信心，並有助於把那種不滿情緒縮小到最低限度。

通過禮拜和禮拜形式，《古蘭經》促成了一種超然的關係。這樣，在人類生活狀況的變化無常和種種不可能性以及歷史的動盪變遷面前，它便可以為某種新的安全感和更牢固的一致性的形成提供感情基礎。《古蘭經》的思想變成了對人生意義問題以及「人類應追求什麼」這些問題的現成之公認的答案。因此，《古蘭經》所創造的世界通過在阿拉面前人人平等而使其關於信仰和價值的觀念更具權威意義。

由此為阿拉伯人各種相互衝突而模糊的意見和觀點提供了現成的參照點。這同樣有助於阿拉伯社會的穩定和秩序。借助於禮拜和禮拜儀式，借助於《古蘭經》，阿拉伯人使社會的規範和價值觀神聖化，維持了社會目標對個人意願以及社會風紀

對個人衝動的主導地位。

由於社會不可能保証人們在不發生任何異常和失誤的情況下達到自己的願望，因此，人們就必然要求有某種方法來處理隨之而來的屬於個人的那種罪惡感。《古蘭經》的世界通過每日數次禮拜，一是像「每日三省吾身」那樣告誡人們防微杜漸，二是也為補贖這種罪感提供手段。借助於禮拜，個人就會從他內疚自責的精神束縛中解脫，重新融合到社會群體。

誠然，在其他信仰世界中也存在這類手段與功能，但伊斯蘭教解答問題的方式更務實，也更合情理。一九七六年，二五〇名安卡拉土耳其青年在回答一項問題調查時，一再重申伊斯蘭教是所有已知宗教中「最近」、最「現代」的，因而也是最好的。❶他們還說，伊斯蘭教「簡單且容易」，並且實用；「伊斯蘭非常現實，而且頗能適應日常生活。」

朋友和兄弟同等重要

人們生活在社會人群中，難免要交朋友。阿拉伯人認為，一個人可以沒有兄弟，卻不可以沒有朋友。一次，有人問智者：「朋友和兄弟，哪一個更為重要？」回答說：「兄弟和朋友同等重要。」在阿拉伯民間，有不少關於交朋結友的格言，諸如「好朋友是一筆巨大的財富、「遠親比不上摯友」等等。

阿拉伯人重朋友的傳統還可以從他們的一些生活細節中看出來：凡是與阿拉伯人做生意的商人都會發現，與他們做生

---

❶ 〔英〕G·H·詹森：《戰鬥的伊斯蘭》。

意，彼此以朋友相稱才算是好哥們，往往是先認朋友，後做生意。只有好朋友，才有好生意。所以，在經濟談判的用語上，朋友、兄弟的詞語常掛在嘴邊，多不為過。更有趣的是，如果你去他們的辦公室或家中談生意，如果主人有朋友來訪，他會讓你等著而先去接待朋友，等朋友走了，再繼續與你談生意。也有的時候，他們會擅自拉幾個朋友來一起與你討價還價。諸如此類的習俗都說明，阿拉伯人重朋友。

　　這種重朋友的習俗，可以追溯到古代阿拉伯人的生活條件和生活方式。飄遊不定的遊牧生活，不僅使他們不斷認識新朋友，而且朋友是戰勝旅途中天災人禍、困難險阻必不可少的依靠。當時，豪俠行為是遊牧部落衡量每個人道德的最高標準。「豪俠」一詞，在阿拉伯語中的本義即為勇敢、好義與慷慨。具豪俠行為的人對待朋友，往往是宰牲待客，濟困扶危，不惜傾家蕩產。至今，在阿拉伯不少地方，還存有「款待過路旅客」的觀念，有著「千里行程不攜糧」的古風遺存。

　　這種民風民俗還反映在那個時代的哲學之中。阿拉伯哲學家對「交往」有過精闢的論述。諸如在阿拉伯語中少數幾本有系統的倫理學論著之一《道德修養》中，哲學家米斯卡威赫就提出：「交往是善良生活必不可少的條件。」以及「人的友誼是美好生活的一種本質的補足。」❷這類至理名言。因為他認為，鑒於人必須追求的結局是不勝枚舉的，而他個人的能力有限，交往能使人在追求中相互幫助；再就每個人可在他人身上找到自己的補足或完美而言，交往又使人相互熱愛。也許正是這源遠流長的民風民俗以及深層思考，使阿拉伯人在交朋結友

---

❷　〔美〕馬吉德‧法赫里：《伊斯蘭哲學史》。

方面形成獨具一格的思維方式和行事技巧。

第一特點，寧獨身自潔，絕不同壞人同流合污。有首阿拉伯詩中唱道——

啊！我絕不同荒原上的野獸交誼，
它既不憂念我，也不憂念自己；
我也絕不同壞人不分你我，
獨身自潔遠勝過陷入濁泥。

阿拉伯人雖重朋友，但絕不亂交朋友。在《卡布斯教誨錄》中，卡布斯對如何擇友，向後代作了許多經驗之談：「千萬不要同蠢人交友。昏庸無能的朋友比奸詐狡黠的敵人還不如；愚友因愚昧無知而幹的壞事，其損失超過一百個凶惡敵人的破壞。」❸把愚友的破壞性與最凶惡的敵人相提並論，正是阿拉伯人的洞見。

確實，當人們面對凶惡的敵人時，整個身心會處於戒備狀態，打的是有準備之仗，防患於未然；而愚友的愚昧無知，會使人防不勝防，而且因是「友」，即使捅了大漏子，也奈何不得。生活中這樣的實例不少。這甚至使人聯想到許多社會每年因瀆職罪而損失的國有資產，甚至大大超過壞人明火執仗破壞數十、數百倍的嚴酷事實！至於因不分青紅皂白，「為朋友兩肋插刀」的江湖義氣而引發的刑事犯罪，也可歸之於愚友的破壞性。所以，不與庸人愚友交朋友，從個人效應講，可避免潛在危險，提高交友品位；從社會效應講，不僅會減少社會的破壞性與不穩定因素，而且通過這種社會淘汰機制的作用，可在

---

❸ 〔波斯〕昂蘇爾・瑪阿里：《卡布斯教誨錄》。

全社會培養一種積極上進的社會風氣。這不啻是「近朱者赤，近墨者黑」擇友原則的深化。

與不同愚人交友相對，卡布斯鼓勵兒孫「應同學識淵博、品行高尚、時運亨通的人多多交往；以使你能因此也受到薰陶，也具備像他們那樣的道德和學問。」

阿拉伯人認為，一個人是否值得交結，主要看兩件事：其一便是「當朋友貧困拮据時，他能慷慨解囊相助。而且他的接濟不受時間的局限。假若朋友謝世歸西，他便擔負其子女及親友的生活，對他們施恩行善。」其二是「不論你富貴還是貧賤，都同你分享甘苦。」顯然，這是把擇友的標準定位在「誠」字上。在阿拉伯人的心目中，真正的摯友，不僅在你順利時是朋友，更在你困難時是朋友；不僅在你身前是朋友，而且在你身後亦是朋友；不僅在言語上能與你互相鼓勵撫慰，更在你困難時能給予實際的幫助。

阿拉伯人在長期經商實踐中所形成的務實思維方式，在交朋友中同樣映現出來。在阿拉伯民間故事中，有一則《漢志商人與埃及商人》的故事，至今流傳甚廣；它是阿拉伯式友誼的最好注釋。漢志，即現在的希賈茲，在沙烏地阿拉伯境內。

故事說：有位漢志商人想從埃及買回一批貨物。他寫信給他過去認識的一位埃及商人，請他代為採購一些埃及商品，運到漢志。埃及商人馬上置買了貨物。但因初交，摸不清底細，因而先運出一部分，作為試探。那位漢志商人信守諾言，付錢及時，終於贏得對方信任，在商務往來中，兩人結為好友。有一年，埃及商人去麥加朝覲，終於來到漢志，獲得了朋友的熱情接待。埃及商人在漢志住了一陣後，漸漸面容憔悴，人也消瘦起來。這使漢志商人大惑不解。一次，在他的關心詢問之

下，埃及商人吐露了真情。原來，他上街時，從一座樓房的窗戶見到一位美麗的姑娘，此後，便害了嚴重的相思病。漢志商人知道後，決心幫助朋友。可是，事有湊巧，那位姑娘竟是自己的未婚妻。此時，漢志商人不露聲色，他藉故與姑娘解除了婚約，並讓埃及商人去求婚，成全了朋友。可是等新娘隨著丈夫回到埃及後，她無意中說出了真相；加之不習慣異鄉生活，很想回到家鄉。埃及商人雖然希望姑娘留在身邊，但為了朋友，他毅然寫了休書，使姑娘又回到了漢志，與那位原先的未婚夫終成眷屬。這樣，又過了好多年，戰亂使這位漢志商人傾家蕩產，落到了貧困無援的境地。他們決定再去埃及投奔朋友。起初，埃及商人並沒認出面前這位窮困的漢志來客竟是自己昔日的朋友，他只是關心地向他打聽昔日朋友的境況。漢志商人此時感動得淚流滿面，道出了自己的真實身分。埃及商人知道他的朋友曾為他作出過重大犧牲，了解事情的原委後，毫不猶豫地說：「我將舉行隆重的歡迎會，為你洗塵，讓你恢復昔日的尊嚴和地位。」結果，漢志商人在埃及商人的幫助、支持下，又重振雄風。尤其令人欽佩的是，埃及商人拿出自己的一部分不動產折合成金錢，讓漢志商人分享當初兩人貿易往來中自己贏利的那部分賦富。從此，兩人的友誼成為流傳民間的佳話。

透過這則在阿拉伯民間被視為友誼楷模的動人傳說，可以發現其間所映現的阿拉伯人交朋結友的思維方式和行事方式的特點，歸於一字，即「實」。即使那個「誠」，也是從「實」而來，以「實」檢驗的。所謂「實」，反映在心態上，是對朋友真心實意；反映在行動上，是能給朋友以真情實利（不是義，而是利）。同樣，企望從交友中獲得實利，也是交朋結友

的主要動機之一。不唱高調，不說大話，從實實在在的友誼之中獲得實實在在的裨益，是阿拉伯人交友的智慧。

所以，阿拉伯人認為，「假如你做了有損於親朋好友之事，理應受到責罵。人們說：『有兩種人應當受到譴責：一種是損毀了朋友的利益；一種是不理解友善的行為。』」另有一些民諺，也反映了這種行事特點，諸如：「不要與不學無術的人結為朋友，你從他們那裡得不到有益的幫助。」「不要同愚鈍無知的人爭論不休。」「不要同酗酒成性或心胸狹隘的人同席暢飲。」「不要同那些沒有任何本領的人交朋友。他們既不配做你的朋友，也不配做你的敵人。」等等。

第二特點，同好人以心相交，同壞人以口相交，同敵人以劍相交，是阿拉伯人交友的另一個智慧。在阿拉伯人的心目中，好人，是泛指道德高尚、品行端正、知識淵博、濟世行善的人。所謂「好人用心交」，是指把他們視為良師益友，「同他們親厚相待，甘苦與共。」而壞人，則是指那些或貪婪、或心懷惡意的人。所謂「壞人用口交」，是指同這類人不能深交，因為他同你的友誼，或是出於「貪財」，而不是「出於真心」，或是因為「他們陰暗邪祟，本性歹惡，你的情意不會印烙在他的心上。」但是，對壞人，並不是拒之於門外，一刀兩斷，而是也同他們保持一定的友誼。因為在阿拉伯人看來，「並非任何情況都能有求於好人，有時也有求於壞人，但這要以不損傷好人為條件。」「要能在同壞人交往中提高威望，又能發展同好人的友誼。這樣，兩種友誼都能為你帶來裨益。」

而對敵人，阿拉伯人是極端警惕，勢不兩立的。「任何情況下都不要信賴敵人。」「同任何敵人都不要真誠相見，而只要做些表面文章。」「不要認為僅用良言善行就能感化敵人，

假如敵人奉獻給你蜜糖，你應把它看作鴆毒。」

應對強敵保持戒心，是阿拉伯人的普遍共識。他們常說：「應當警惕兩種人；一是強大的敵人；二是不忠的親信。」

據說有一次，有人問亞歷山大：「你為什麼能在這麼短的時間內，征服了這麼多國家呢？」這位大帝答道：「我向來把朋友的朋友也放在朋友之列，但卻警惕認敵為友的朋友；他同敵人的友誼，可能超越了同你的友誼。」顯然，阿拉伯人務實的傳統，使他們以少有的冷靜，去區別對待社會生活中不同的人際關係。「同好人以心相交，同壞人以口相交，同敵人以劍相交。」所反映的正是這種區別的智慧。

這種區別之所以堪稱智慧，是在於它的細分化。首先是從心理距離上細分，用不同的心理距離，定位不同的關係，「用心」、「用口」、「用劍」，表明的還是從信賴、有限信任到全面戒備的心理距離的變化趨勢；其次，是從合作程度上細分，用不同的合作水平，定位不同的關係，「用心」、「用口」、「用劍」，表明的正是從全面合作、有限合作到不合作的變化趨勢；第三是從利弊得失上細分，「用心」、「用口」、「用劍」表明的正是從絕對獲益、相對獲益到負獲益的變化趨勢。

無疑，這種細分成為處理不同人際關係的策略基礎。其中值得一提的是關於與壞人有限合作的意識。如果白色表示朋友，黑色表示敵人，那麼壞人則是介於黑、白之間的灰色。事實上，灰色是一個極複雜、極多變的色調，既可作白色的裝飾，也可作黑色的陪襯，所以，如何運用灰色，其間隱藏著極大的學問。「有時有求於壞人」，「在同壞人交往中提高威望」，「使與壞人交往給你帶來裨益」，就是一種有限合作的意識，也是一種利用灰色的意識。所謂「有限合作」，實際指

的是社會成員之間在某一方面、某種程度的合作。「有限合作」式的交往是可以不記前嫌的，即使對方「一半是天使，一半是魔鬼」，也不妨同他共遊「天堂」，只要不同他一起下「地獄」就是了。這種智益的思路和生活藝術，不是簡單地以「物以類聚、人以群分」能簡單概括的，而是從互補、互利的單項，有限合作的角度來「分群」、「分類」，其務實的態度恰似「偷來梨蕊三分白，借得梅花一縷魂。」

伊斯蘭教發展史上，「遷往葉特里卜」是著名的歷史故事，指穆罕默德率領麥加的穆斯林遷徙葉特里卜城（麥地那）的事件。當時葉特里卜有遷士（從麥加遷往該城的穆斯林）和輔士（原來居住該城的穆斯林），有屬於原居住該城的部族中的多神教徒和猶太人。如何處理這一複雜的宗教信仰關係，既使剛擺脫麥加城內猶太人和多神教徒迫害的遷士們休養生息，同時也使剛形成的遷士和輔士（即新穆斯林）的團結得到鞏固呢？穆罕默德對當時居住葉特里卜的猶太人就採用了「有限合作」的方針，即在堅實的信仰自由和結盟的基礎上，通過和猶太人達成某種協議，實現了葉特里卜城的統一。和猶太人制定的盟約中首先規定：「此約書乃先知穆罕默德特為古萊氏族和葉特里卜城之眾信士、穆斯林及其隨從者、共事者所訂立，彼此對外皆屬統一之整體。」正文中規定了尊重猶太人宗教信仰、承認猶太人財產的條款。先知對這結果感到心滿意足。從此，穆斯林能夠安心從事他們的宗教活動了。由此使從麥加遷往葉特里卜城，成為伊斯蘭發展史上的重要轉折。不久，葉特里卜正式改名麥地那，被尊為「先知之城」。伊斯蘭教曆元年，也是從遷到麥地那之後開始的。

第三特點，阿拉伯人交友智慧的另一個值得提及的是「對朋友適度熱情」。有阿拉伯警句說：「不論對待朋友或敵人，都要適可而止，這才是有理智的表現。」這使人想起我國古老的名言：「君子之交淡如水，小人之交粘如漆。」用現代社會學的理論來講，這是保持一定的人際距離。阿拉伯人具有重朋友的習俗，但是，在阿拉伯民間故事裡，卻很難找到那種如膠似漆的友誼。也許這就如卡布斯教誨他的兒子那樣：「雖然我有許多朋友，卻並不期待從他們那裡得到什麼。我總把自己看作一個特殊的朋友，從這個角度處理同其他朋友的關係。我雖信賴他人，但絕不超過信賴自己。因此，哪怕你有一千個朋友，最可信賴的還應是你自己。」

　　把自己看作一個特殊的朋友──卡布斯在此交給了兒孫們一個恰當處理人際關係的秘訣，即通過轉換觀察事物的視角，或曰轉換角色地位，來把握朋友間關係的恰當距離。在《漢志商人與埃及商人》的故事裡，兩位商人雖為摯友，但彼此之間的來往與婚姻的互讓，仍是忠實遵照阿拉伯社會的習俗和禮儀，就是在最後漢志商人落難投奔到埃及商人處，埃及商人為了資助朋友擺脫困境，也並不是慷慨送批財物給朋友完事，而是先為漢志朋友在當地舉行了宴會，邀請當地的顯貴人物和大商賈出席，以幫助朋友樹立商業信譽，之後以十分正當的理由，取得自己的繼承人──孩子們的同意，分給漢志商人一部分不動產──因為他曾是自己的合伙經營人，今日的財富有他的功勞在內。漢志商人以此為「本金」，從埃及購買一批貨物回漢志，從而賺得比他以前十次經商還多的錢，回到了故鄉，開始了後半生的幸福生活。整個故事娓娓道出，充滿了分寸感和冷靜的理智之美。

在阿拉伯的文學作品中，這種對朋友適度熱情的阿拉伯智慧也得到了充分的表現。著名的阿拉伯詩人薩迪在他的詩中吟道——

　　你可以常到朋友家裡去，
　　但不要頻繁得使他生厭；
　　如果你能時常反省自己，
　　才不致受到別人的非難。

　　另一位阿拉伯文壇的名人紀伯倫・哈利勒也在他的散文詩中告誡人們：「當你與朋友別離的時候，不要憂傷；因為你覺得他最可愛之點，當他不在時愈見清晰，正如登山者在平原望山峰，也加倍分明。」他還說道：「你們自然不能敬禮一客過於他客，因為過分關心一客，必會失去兩客的友愛與忠誠。」追根尋源，這種分寸感還可追溯到《古蘭經》的教誨。《古蘭經》就曾告誡人們，要會見使者，不要在他的「寢室後面喊叫」，要「忍耐」地等待，直到他出來會見。（49：415）且不要隨便到使者家中去吃飯：「當請你去的時候才進去；既吃之後就當告退，不要留戀閒話。因為那樣會使先知感到為難。」（33：53）這也許可稱之為阿拉伯最早的關於人際要保持適當距離的教導。

　　朋友的對立面是敵人。因此，與交朋友相聯繫的是如何警惕敵人。阿拉伯人雖然「對朋友親如兄弟，與敵人勢不兩立。」但在處理朋友與敵人的關係上，他們又獨具慧眼：「好朋友是一筆巨大的財富。」「應當利用一切機會結交朋友，使朋友的數量成倍地多於敵人。應使朋友儘量多，敵人儘量少。」「人們可利用多交朋友的方法彌補缺陷，發揮特長。」

這是卡布斯對兒子的教誨，也是一般阿拉伯人的觀念。

在現代人的視野中，朋友多被稱為一個人的社會資源豐富。廣泛的社會關係網絡會使一個人獲得比別人更豐富、及時、準確的各種信息，和具有一般人所沒有的辦事通道，從而辦成一般人不能辦或難辦成的事。不用說，阿拉伯人的上述觀念已隱含了這些意義。這與中國人「多栽花，少栽刺」、「多個朋友多條路」的思路一致。但是，當有人把一千個朋友和一個敵人擺在你面前，請你在兩種條件下作出選擇：捨棄一千個朋友，同時也避免一個敵人；有一千個朋友，同時也多一個敵人。你該如何呢？按上面的邏輯，似乎應該選擇後者，即多一千個朋友，同時也多一個敵人。然而，卡布斯教育兒孫作的選擇正好相反，即「寧肯少交朋友一千，而不多樹敵一個。」為何？「因為那一千個朋友對護衛你並不盡心盡力，那個敵人卻不會放鬆對你的騷擾。」

這就是阿拉伯人選擇前者的理由。這就是阿拉伯的智慧。

顯然，阿拉伯人的思維不是定位在朋友與敵人的絕對數量上，而是定位在朋友與敵人的相對作用與功能上。這種選擇是以對事物的發展態勢以及對人性的深刻洞見為基礎的。乍看之下，一千對一，似乎不該為少一個敵人而少掉一千個朋友，但只要轉換視角，從仇敵的凶惡性與頑固性以及實際生活中摯友之少，便可發現，這不啻是一種明智的選擇。

歷史上阿拉伯血族復仇的傳統以及豪俠行為的遺風，常使仇敵的騷擾變得頑固而持久。著名的四大哈里發，竟有三任逃不過被仇敵謀殺的命運，就是一個血的教訓。與其有一千個並不是摯友的朋友，倒不如少一個將對你窮追不捨，置你於死地而後快的仇敵，這就是阿拉伯人的邏輯。阿拉伯思維的務實特色，在此又一次展現了風采。

也許正是上述的邏輯使阿拉伯人很重視防範敵人，由此引申出許多諸如此類的智慧來：「在你還沒有準備就緒時，不要同敵人的矛盾激化。」「對於強敵，不要一開始就使矛盾激化；對於弱敵，不要輕視征戰的艱難。」「應當盡力避開妒忌者，以免撩撥起他們的怒火，而對你行惡。」「尤其要警惕內部敵人，因為他們了解外部敵人不可能偵察到的秘密；由於他害怕你會加罪於他，無時不對你心懷叵測。」「應當在敵人的陰謀得逞之前，就把敵人擊敗。」

　　在阿拉伯民間，甚至有這樣一個故事流傳：據說，在霍臘散地方有個著名的遊俠，富有而性善，名字叫牟赫拉伯。一天，他在路上信步徜徉，不小心踩著一塊甜瓜皮，腳下一滑，他摔到了。此時，他立刻掏出刀子，把那塊瓜皮切得粉碎。僕人問他：「少爺啊！像你這樣有錢的堂堂俠士，拿瓜皮逗能，不覺得羞愧嗎？」牟赫拉伯回答：「摔倒我的甜瓜皮，我不拿它開刀，拿誰開刀？不論誰把我摔倒，我都把它視為仇敵，以刀還擊。不要輕視敵人，哪怕他十分弱小。」對一塊瓜皮尚且如此，對一個仇敵的態度就可想而知了。「對於較小的敵人也不輕視，要把弱敵當強敵來鬥。」這就是此故事所要告訴我們的道理。

　　在對敵之前如此注意防敵，就是《孫子兵法》也未曾如此強調過。其一半原因自然與歷史的教訓有關。前伊斯蘭時期，古阿拉伯連綿不斷的血族復仇與部落之爭姑且不說，就是穆罕默德去世之後，穆斯林內部的紛爭也足以提醒人們，防比鬥更為重要；另一半原因，恐要歸因於自古重視商業經營的阿拉伯人富於實利算計的頭腦了；用投入、產出計算，防患於未然自然要比你死我活的廝殺拼鬥經濟得多。這種「寧少交朋友一千，而不多樹敵一個」的方略，是非經濟頭腦決然想不出來

的。阿拉伯的智慧確是務實的。

不窺探他人的隱私就是仁慈

伊斯蘭有關人際關係的訓諭，阿拉伯文的意義是「容忍、仁慈和寬恕」。在阿拉伯——伊斯蘭文化中，關於如何處理人際關係，有許多公認的準則。諸如——

避免說他人閒話和在背後講他人不想讓人講的事，就是容忍和仁慈的一部分；不可以私自談論他人的事，除非這樣做會帶給他人好處；不要恥笑他人，因為這樣做會導致反抗和引發犯罪；要避免去評論他人信仰的真誠程度；不要說有關罪惡的行為和事情，除非這是採取社會行動時所必需的；避免談論猥褻和帶侮辱性的事情，或拿宗教開玩笑。

這些準則之所以被公認，因為其精神都源自於《古蘭經》。世界上很難找到一部宗教經典能像《古蘭經》那樣，如此具體地指導人們對人際關係的處理。

《古蘭經》中說：「信道的人們啊！你們中的男子不要互相嘲笑；被嘲笑者或許勝於嘲笑者。你們中的女子也不要互相嘲笑；被嘲笑者或許勝於嘲笑者。」「你們不要互相誹謗，不要以諢名相稱。信道後再以諢名相稱，這稱呼真惡劣！」「信道的人們啊！你們應當遠離許多猜疑；有些猜疑，確是罪過。」「你們不要互相偵探，不要互相背毀。難道你們之中有人喜歡吃他的已死的教胞的肉嗎？」「他們的秘密談話，大半是無益的；勸人施捨，或勸人行善、勸人和解者（秘密的談話）除外。」（49：11-13，4：114）「真主不喜愛（任何人）宣揚惡事。」「信道的人們啊！如果一個惡人報告你們一

個消息，你們應當弄清楚，以免你們無知地傷害他人，到頭來悔恨自己的行為。」（49：6）

這些準則和勸誡，包含著四方面的基本內容：（一）是尊重他人隱私；（二）是尊重他人人格；（三）是寬恕他人的過失與缺點；（四）是善事多宣揚，惡事防擴散。而貫穿其中的基本精神，還是關於人們隱私的尊重。這可以從穆罕默德的另一句至理名言中得到明示。穆聖曾說：「不干涉與自己無關的事情，是一個穆斯林誠實的驗証。」「穆斯林是那些為其他穆斯林的安全而盡其手、舌之力的人。」他還說：「誰為求真主的喜悅而做此事，我要賞賜誰重大的報酬。」（4：115）在此，把尊重和保護他人隱私視為對一個穆斯林仁慈和誠實的檢驗和証明，並賦予這種行為以宗教倫理的神聖意義，以至最後同真主阿拉在末日審判時對人的善惡評價聯繫在一起，這是阿拉伯人處理人際關係的基本思路。

從人們的實踐經驗而言，隱私是人際關係中一個十分敏感的因素。無論古代還是現代，每個人都有各種各樣不願公開、不願告訴他人、不願被人知道的秘密。諸如個人嗜好、生理特徵或缺陷、病情、日記、挫折和痛苦、過失與教訓、私人友情、婚戀史、夫妻生活、子女血緣、財產收入、宗教信仰等。對這些個人私密，本人不願講，也忌諱別人打聽、窺探。

現代心理學已告訴我們，人的秘密處於保密狀態下，心理和情緒是平穩的；而一旦個人秘密被人發現，就會引起心理和情緒的躁動不安。有時即使別人沒有發現，但懷疑他人已經發現了，心中也會忐忑不安，壓力很大：輕者不高興，對他人的窺探產生意見；嚴重者為了心理上的自衛和反擊，往往爆發衝突；更有甚者，甚至會採取極端手段，對個人或他人進行攻

擊，引發不良後果。所以說，隱私往往牽動著人們最敏感的神經，排他性強，是處理人際關係中極為敏感的部分。如何對待隱私，也是能否維持團體內部團結的一個極為重要的環節。

穆罕默德在《古蘭經》中所傳達的真主的啟示，正是抓住了人際關係中這一最為敏感的環節，針對了人們最易犯的錯誤。在這些訓諭中所表現出的對人們社會心理過程的洞見，對生活於一千多年前的古人來說，也堪稱一絕。對於這些訓諭，與其說這是指導個人處世的智慧，不如說這是維護團體生存的智慧。它是與阿拉伯族的生活環境與歷史遭際聯繫在一起的。伊斯蘭教在給阿拉伯人提供一種條理清晰和輪廓分明的世界觀時，也幾乎強制性地將他們引入古代世界的文明大道。

穆罕默德時代，阿拉伯半島的自然地理環境，使它形了數個截然不同的經濟區域，社會發展也極不平衡。一個是位於西南部的葉門農業區域。這裡氣候溫和，雨量充沛，土地肥沃，有比較發達的農業和手工業，也產生一些較為繁榮的城市，形成了濱海文明。另一個是西部希賈茲，即漢志商業區域。它有一條商道貫穿半島，溝通東西貿易。這條道上的城市十分繁榮。再有一個就是中部廣大的牧區。這裡仍停留於氏族社會階段，各部落過著住帳篷、吃羊肉、喝羊奶、以羊毛遮體和離不開駱駝的原始生活，文化處於蒙昧狀態。

這三個不同的經濟區域，由於羅馬和波斯兩大帝國的入侵，商道受阻，農業凋敝，而牧區又充滿著爭牧草、水源和為血親復仇的戰鬥，從無寧日。

那時，半島的宗教情況亦十分複雜：羅馬帝國輸入了基督教，波斯帝國帶進了拜火教，還有猶太人的猶太教。這些外來宗教有著各自的利益關係。而阿拉伯人自己的宗教則是形形色色的偶像崇拜，幾乎每個部落都奉一個偶像為神，在不同神的

庇護下，人們各行其是。這些宗教是半島內憂外患的禍根，也是全島統一的絆腳石。

此外，蒙昧時代阿拉伯族的心理特點也增加了問題的複雜性。那時，「阿拉伯民族是神經質的民族，常常為了一點細小的事故而暴怒如雷，不可遏止。遇到個人的人格和部落的榮譽被損害時，立刻拔劍而起，犧牲生命也在所不惜。戰爭甚至已成為他們平常的習慣和日常的生活了。」❹穆罕默德成聖、伊斯蘭教興起時，所面臨的就是這樣一個局面。

當伊斯蘭教逐漸興盛強大，統一了半島之後，在眾多信徒中，就有了新、老之別。在老信徒中，又有原先住在麥加的「遷士」與住在麥地那的輔士之別。許多新穆斯林是「聖戰」之後戰敗方的居民，還有不少是來自敘利亞、伊拉克和埃及地區的「被護民」。這些「被護民」是文明古國的後裔，多半原是猶太教徒、薩比教徒，他們有高度文化，知識淵博，精通數學，擅長書寫，又善於管理財務和田賦。當他們成為新穆斯林之後，伊斯蘭大家庭內部的團結就成為嚴峻的課題。許多人在接受新信仰的同時，又免不了帶有原信仰的殘餘。如何面對歷史和現實的狀況，處理好這一堆涉及面甚廣的錯綜複雜的人際關係，就成為對剛誕生的伊斯蘭教能否在半島站穩腳跟，求得生存和發展的嚴峻考驗。蒼海橫流，方顯出英雄本色，穆罕默德以其長期經商所獲得的對民心世情的深入了解，運用阿拉啟示的上述智慧，順利地解決了歷史難題。不窺探他人隱私，遠離相互嘲笑、偵探、猜疑和背毀，不干涉與己無關的事——這條條訓誡，擲地有聲，有力地克服和消除了各種各樣的離心傾

---

❹ 〔埃及〕艾哈邁德・愛敏：《阿拉伯——伊斯蘭文化史》。

向以及可能引起不團結的消極因素。其中尤其是對仁慈和誠實的解釋，具有與眾不同的獨特思路。

　　一般而言，人們常常把仁慈理解為同情、關心弱者、仗義疏財、賑濟貧民的經濟行為。《古蘭經》的教誨明確地把不窺探他人隱私作為仁慈的表現，不但擴大了仁慈行為的外延，而且深化了它的內涵，即仁慈不僅是一種物質上的給予與援助，更是一種精神上的理解與寬容。這十分有利於在伊斯蘭新、老穆斯林之間及穆斯林與穆斯林之間形成一種向心力與凝聚力。把不干涉與己無關的事包括在誠實之內，也具有同樣的魅力：它自然會極大程度地減少內部摩擦與無原則的糾紛，從而也會大大減少社會離心力。

　　這種智慧，就其實質說，是一種團體生存智慧：它不是側重於維護個體的生存和發展，而是致力於團體的生存和發展，是一種對團體正常動作的經驗性認識。正像人體需要借助於一種體內益生菌群來消除代謝廢物而維持身體健康一樣，一個人群共同體也需要此類物質來掃除群體在其生存發展中不斷滋生出來的離心因素，從而維護自身的存在。保羅·約翰遜曾經說過這樣一句啟發了美國總統尼克森的話：「歷史的教訓之一是，不能把任何文明看成是理所當然的；絕不能認為它的永恆性是肯定無疑的。如果你處理不當，犯了夠多的錯誤，那麼你不久總會遇到一個黑暗時期。」

　　反之，如果一個文明到今天都仍具勃勃生機，那麼它必定具有處理得當的地方。阿拉伯——伊斯蘭世界的現狀正証實了約翰遜先生的判斷。確實，《古蘭經》給了穆斯林們維護內部團結的智慧。

　　也許有人會以為：「不干涉與己無關的事就是誠實」與中

國人的那句「只掃自家門前雪，休管他人瓦上霜」是相通的。後者早已被中國人斥之為自私自利的象徵而成了「過街老鼠」，難道阿拉伯人「不干涉與己無關的事」就不是那種事不關己，高高掛起的利己主義？這實在是一種曲解。在阿拉伯穆斯林那裡，從納天課到施濟，講的都是要關心他人疾苦，《古蘭經》中講到施捨的地方已有數十處。更為重要的是，伊斯蘭教認為，一個人的品德如何，可以從他與鄰居相處的關係中看到：以特別仁慈的態度去對待鄰居和儘量給予他們幫助，是每個穆斯林所負的責任。

據說，有一個人問穆罕默德：「主的差使，我怎樣才能知道我在何時做得好，而何時做得不好呢？」穆罕默德答道：「當你的鄰居說你做得好，你就是做得好，而當你聽到他們說你做得不好，那你就是做得不好了。」又說；「那個讓他身旁的鄰居挨餓，而自己卻飽餐的人，並不是一個歸信者；而一個人若由於其惡行使其鄰居受害，也不是一個歸信者。」這足以表明阿拉伯人的警語與中國人那句民諺的意思差了十萬八千里，也足以表明「不干涉與己無關的事」既指純粹他人的私事，也可以說，這與「隱私」是同義的。

即便是對「各人自掃門前雪，休管他人瓦上霜」也應該反思一下。如果他人不需要你去管他的「瓦上霜」，不需要你的同情與援助時，你硬要去「管」，以顯示你非自私自利之輩，這是否又合適呢？怪不得某些文化中，凡你欲幫助別人，也首先要徵得被幫助者的同意才行，否則，過於主動，反而會被懷疑你是否小看了別人，或者另有他圖，比如追求某種利益等。這是一種徹底尊重對方人格的習俗。較為可悲的是，也許中國人在批判「自掃門前雪」的舊觀念時，忽略了其中可能存在的

某些合理因素而導致將這一批判推向了極端，對「多管閑事」的讚美甚至包括了侵犯人們隱私權的行為。阿拉伯人在一千年前所具的團體生存智慧，也許能給我們這個古老的民族以新的啟發。

Chapter 4
巧創文明的智慧

一座清真寺，一座學校

　　阿拉伯人的文化起飛，是從公元七世紀左右開始的。在此之前的阿拉伯人，幾乎全都是文盲，遊牧地區尤其如此。當時，沙漠中的居民與外界聯繫很少，過著幾乎是一種模式的生活，居民中盛行偶像崇拜，向偶像求雨，靠偶像之力戰勝敵人，為偶像宰牲祭貢，室內供滿偶像。族人如有鬥爭，便向偶像求籤問卜；出門遠行，必先撫摸偶像，求祈吉利；返回家園，進屋後也必先撫摸偶像，感謝平安歸來。他們的生活中充滿種種迷信、荒誕之事。如遇久旱不雨，人們便跑到賽萊阿樹、歐含爾樹下，牽來耕牛，將樹枝繫於牛尾，再將火點燃，以閃光討吉利。如有貴人死去，人們便捉住死者的駱駝，將其脖頸倒轉，棄之於洞穴中，不給飲食，直至飢渴而死；據說這樣主人才會得到超度。他們還認為貓頭鷹是從被殺害的人頭裡飛出來的，它在死者墳頭嚎叫：「用人血飲我，我口渴呀！」直至有人為被害者復仇為止。蒙昧時代阿拉伯人諸如此類的傳

說多不勝數。

穆罕默德所在的古萊氏族，是漢志地區商業活動中執牛耳者，較其他民族富有、開化；即使如此，全氏族中能書寫者僅十七人。其他氏族的情況便更可想而知了。當時在麥地那城，誰既會射藝、游泳，又能書寫，便會被人尊稱為「全才」。即使這樣，全城的「全才」才五人左右。面對如此的文化蠻荒，清真寺在文化拓殖事業中起了特殊的作用。

阿拉伯人稱清真寺為「masjid」（麥斯吉德），意為「禮拜的場所」。世界上第一座清真寺是穆罕默德在麥地那建造的。鑒於當時的形勢，這座清真寺異常儉樸，實際上是一座有棚庭院，用棗椰樹作柱，樹枝和泥作房頂，四周用土胚砌成的圍牆圍起來。庭院長五十二‧五米，寬四十五米。一棵棗椰樹的根部固定在地上，這就是講台。後來又換成木製、有三級階梯的小講台。這座最早的清真寺雖然簡陋，但卻包括了滿足宗教活動需要的三個基本要素：寬敞的庭院、遮風避雨的房頂和宣講台。後來的幾個世紀裡，隨著阿拉伯人統治地位的確立以及經濟文化的發達，所造的清真寺越來越宏偉、精美，但這三項基本要素始終不變。

這三項要素也是教學活動所必須的物質條件。當然，其他宗教也有「禮拜場所」，基督教有教堂，佛教有廟宇、寺院。但在建築形式和活動內容上明確地與教育聯繫在一起，恐怕要數清真寺了。阿拉伯的清真寺從它建造的第一天起，就與教育結下了不解之緣。

穆罕默德是最早提倡清真寺教育的人。他曾說過這樣的話：「進入清真寺教學或接受教育的人，猶如為真主而戰的勇士。」如果說清真寺的建築形式已經和教學活動相匹配了的話，那麼，穆聖的這一聖訓則為學校送來了學生與教師。埃及

阿慕爾清真寺、巴士拉清真寺、庫法清真寺、麥加和麥地那清真寺等等，都是那個時代的普通學校或高等學府。伊斯蘭初期，穆聖把清真寺當作講學的場所。倭馬亞時代，清真寺也一直用來教授《古蘭經》和聖訓。到了阿拔斯時代，各種學術已經分科，所以學術講座也就各具特色，有的專講語法學，有的還有詩歌、文學等講座。

在雅古特的《文學家傳說》中說，文學家艾赫發什曾提到過他自己的一段經歷：「我到巴格達時，看到基薩伊在清真寺裡，便和他一起做了晨禮。祈禱完畢，他坐下講學。我向他致意並問了他一百個問題。他逐一解答，但都被我否定了。」《詩歌集》一書中，也提到艾布·歐拜德總是坐在巴士拉清真寺裡的一根柱子下講學，而艾布·穆罕默德·葉齊迪和赫萊夫·艾哈麥爾則坐在另一邊聽講。當時，清真寺是伊斯蘭文化傳播最重要的機構。一座清真寺，一座學校，清真寺成為各處穆斯林的教育中心。

與一般書院與私塾相比，清真寺教育有其他教育形式不能與之相比的某些特點：首先，它賦予教學活動以神聖性。穆罕默德把進入清真寺教學或接受教育的人比喻成為真主而戰的勇士。在此，無論是教還是學，都不是一種純粹個人的行為，而是像聖戰一樣，是一種為真主而獻身的行動。這就賦予了教學活動一種崇高的目的與神聖的意義。

宗教社會對「神聖」的研究表明，「神聖」至少具有非功利性、支撐性和鼓動性這樣一些特徵。當人們認為一件事具有神聖的意義之後，它就會與功利性無關。神聖事物的信仰者和崇拜者會在神聖威力的感召和影響下，得到精神上的依托並堅強起來。它會使道德責任和倫理律令的鐘聲長鳴，時時撞擊振

蕩著人們的意識；它會引發信仰者的強烈敬仰之情並使他們為之獻身奮鬥。這就是神聖的威力。它是非功利的，但具有自然、文化和人類福祉諸方面的多義性。

所以，當阿拉伯人把教與學看作具有神聖意義的活動之後，所產生的精神推力自然是很大的。中國傳統社會望子成龍的家長們往往用「學而優則仕」或者「書中自有黃金屋，書中自有顏如玉」一類東西勸學，其偏狹的功利性一目了然，學習成為個人獵取功名利祿、乃至佳人美女的手段，其學習動機便不可同日而語。

更為重要的是，在穆罕默德的聖訓中，不但強調了學的神聖意義，而且還強調了教的神聖意義。他把兩者都比喻為「為真主而戰的勇士」。他所調動的不是一個積極性，而是兩個積極性。教學活動的兩個主體都被賦予了神聖的使命。這是阿拉伯教育思想的智慧所在。後來形成的阿拉伯教育的一個最大特點「辦學民間化」，與此極有關係。

當時阿拉伯帝國內清真寺林立，九世紀時，僅巴格達一地，清真寺就多達萬座以上。其中很多清真寺後來發展成重要的文化教育中心，著名的學者、文人紛紛在清真寺內設座講學，傳授各科知識，吸引了大批學子。

清真寺教學的基本形式是「學習圈」，即教師坐在講台上，或坐在座墊上，學生在其面前圍坐成半圓形，學生的座次依資歷或學識排列。為鼓勵和便於進行學術交流，「學習圈」還專門為外地來訪的學者設有專座。「學習圈」的多少，視各清真寺的知名度及講學的學者多少而定，少則幾個，多則數十個不等。通過清真寺教育，大多數人學會了讀書、寫字，背記一些簡短的經文。一些有才學、有進取心的學生則以治學為目的，從一個「學習圈」轉到另一個「學習圈」，甚至從一個地

區轉到另一個地區，聽遍各知名學者的講課，直至完成學業，自己設座講學為止。

清真寺教育所具的神聖意義還使這種教育普及的速度加快。因為對教與學之神聖性的認識，使人們不需要外在的法令去逼迫他們必須學習，就像當代一些國家和民族在推行現代化過程中所做的那樣。人們內心對「神聖」的敬畏，使他們把學習看作是一種內心的戒命與道德律令，由此所產生的力量是行政法令所望塵莫及的。

阿拉伯兒童從會說話時起就立刻接受教育，而且最初的教育來自最高的聖典《古蘭經》。到六歲時，所有的男孩（除了有錢人的子女由家庭教師教育之外）都進小學學習。學校通常是在清真寺內，一般不要學費，即使收也極少。一般教師對每個學生每周只收二分錢，其他錢由慈善家捐助。課程很簡單，認識起碼的《古蘭經》，以及《古蘭經》本身所涉及的神學歷史、教儀和教規。孩子們每天都要熟讀一段《古蘭經》並高聲背誦，每個孩子都規定以熟記《古蘭經》為目標。能做到這一點的要公開慶祝。同時學會書寫、射擊和游泳的就稱為「全才」。到了中學，就開始傳授知識，由學識淵博的教師講解《古蘭經》、神學教規以及穆罕默德的言行。書寫和算術都是在接受較高的教育時學的。因為阿拉伯文被認為是所有文字中最接近完善的，而正確書寫與運用這種文字是有教養的人的主要標誌。

到了贊吉布王朝的努爾丁（一一七四年卒）時代，在清真寺內還建起了「麥德萊賽」式的學校。這些學校已具現代學校的雛形。它雖然建在清真寺內，但卻依照阿拉伯世界的第一所大學——尼采米亞宗教大學的規章辦事，並為學生提供食宿。

為了適應這種清真寺教育，阿拉伯阿尤布王朝的締造者、

・穆斯林的學習

抗擊十字軍東侵的著名統帥薩拉丁（一一三八～一一九三）還專門對清真寺的建築形式加以改造；同時，還對教學內容和教學方法進行了改革。學校除了講授《古蘭經》注釋、聖訓、伊斯蘭教法、語言、文學等課程外，還開設哲學、邏輯學、天文學和數學等課程。

清真寺教育為每個願意接受教育者敞開了大門。許多家境清寒、出身社會下層的青年由此獲得了受教育的機會，以致終成著名學者。例如，陶瓷工出身的著名詩人艾布・阿塔西亞，當過清真寺送水雜役的著名文學家艾布・台瑪木，作過漂布工人的著名大法官艾布・優素福，以及賣過大餅的阿拉伯文化的傑出代表查希茲，都曾是這種清真寺教育的受惠者。

清真寺教育之所以能如此盛行起來，除了宗教的原因以外，我們也不能忽視一個世俗的原因，即當時的教育尚未分階段進行，帝國對教育採取自由化政策。國家不花分文，除了哈里發、王公大臣及富賈大戶給有關的文人學者以贈予外，沒有專門的教育經費。反過來，國家也無權干預教育大綱的制定，無權監督教師的工作。除非有人被控為不虔誠、叛教，國家才

加以干涉。學員和教員，各盡其職，費用自理。有的教師為施捨、行善而施教；教宗教學科的教師大都這樣。聖訓學家兼法學家伊卜拉欣‧哈爾比說過：「我生平只有一次教授知識時收取了學費。那次我遇見一個賣菜的小販，買了一個吉拉特的菜，但我差一菲勒斯。於是，小販問了我一問題，我回答了。由此，他抵了那一菲勒斯。」當然，教師也許除了義務教學之外，另有謀財之路。如艾布‧哈尼法原是一個布商，同時又在清真寺裡教書。

至於教學大綱，則因學生學習目的的不同而有差異，清真寺的學者更是各行其是。意見派的法學家多用演繹和推理法，即使對於莫須有之事，也給以假設，加以分析。聖訓派人則反其道而行之。各種學術講座，一般在大清真寺開設，學員可以自己選擇某位學者；學完後可以改學其他學科或另求老師。

當時，對完成學業者的考試方式也極為有趣。所謂考試，就是聽聽考生周圍的學者和學生們對考生的意見。誰覺得自己能設座講學，就設座講學，但要受到學者的質問並要進行答辯。這就保證了學者不會是些不學無術之徒。從許多學者的傳記中，可以發現他們均先上私塾，然後根據自己的愛好去聽清真寺內的講座；許多人兼收並蓄，各科都學，最後終於「修成正果」。

儘管當時還有並不正規的書院和小學等教育形式，哈里發、王公大臣和富人還多為自己的兒女聘請家庭教師，但清真寺教育仍是最主要的教育形式。它不僅為教、學雙方提供了最初的動機和動力，而且以虔信者所具有的仁慈和寬容給予了求學者以學術自由，使這塊聖地像沙漠中的綠洲一樣，成為滋養阿拉伯文化的沃土。

書院就與此不同了；書院經常對學生實行體罰和禁閉。

《詩歌集》中甚至有一段書院的學生挨打的有趣描寫——

> 我見一個人，有意不理人，
> 端坐講台上，學生坐周圍，
> 斜眼看見我？裝著尋別人。
> 原來在書院，老師叫哈夫蘇。
> 老師呼聲打，打我的哈比畢。
> 自從進書院，天天逃學去。
> 衣服解開了，外套扔一邊。
> 眾人舉起鞭？幸好沒用棍。
> 寶貝求師傅，再也不逃學。
> 我說算了吧，他會做個好學生。

從這個描述中，人們便可對比出清真寺教育的合情合理了。在《古蘭經》的靈光下，使各種學問順乎自然地成長，乃是清真寺教育的特色。

由此看來，清真寺教育的意義遠不止普及教育，更重要的是它在「宣傳正道、提倡學問」的聖訓指導下，對阿拉伯民族之魂的重塑。伊斯蘭之前的阿拉伯人，遊牧人占大多數，艱苦的遊牧生活條件既使他們堅強勇猛、吃苦耐勞，又使他們有著種種陋習。隨著伊斯蘭教的傳播而興起的清真寺教育，改變了阿拉伯人對於事物及道德價值的看法。通過學習教律與禮儀，通過對作為生命指南的《古蘭經》的研習，阿拉伯人完全改變了他們原來的生活方式。原來被信仰多神教的阿拉伯人奉為道德「最高典型」的那些諸如匹夫之勇、過分慷慨、血族復仇以及無節制的豪俠等行為，就被清真寺教育所提倡的行為所代

替。它要求人們敬奉阿位，順服主命，遵守教律，忍耐，放棄個人和宗族的利益，服從宗教利益，樂天知足，不矜誇、不聚飲、不驕傲等等。

　　總之，《古蘭經》所倡導的善功，為阿拉伯人樹立了最高的道德典型。這一切都是在清真寺教育中完成的。這種教育的神聖意義使它比任何課堂教育更能滲入人的心田，改變人的靈魂；也比任何課堂教育更具有持久性，它滲透於人每一生的每一階段、每個空間、每一生活細節之中，甚至於改變了許多阿拉伯人的言談舉止與音容笑貌。發展社會學的理論告訴我們，一個民族要從後進邁向先進，最重要也是最困難的莫過於精神氣質的改變。利用清真寺教育，阿拉伯人終於達到了目的。其影響越過高山大洋，傳向世界各方。中國伊斯蘭教的經堂教育就源於它的影響。

用與書本等重的黃金作稿酬

　　阿拉伯智慧的形成是一個複雜的文化交融、整合、積累的過程。其間，敘利亞人、阿拉伯人、波斯人、土耳其人、柏柏爾人等等，都曾起過積極的作用。其中阿拉伯的成分占壓倒性優勢，因此自然可簡便地稱之為阿拉伯的智慧。而阿拉伯人在公元七世紀時，其在文化科學方面還處在十分落後的境地，文盲遍地，用文字記載的典籍也很少，當時主要的文化成就僅是那些口頭留傳下來的詩歌和文學性的傳說，這些東西既原始又零星。可到公元八五〇年左右，僅過了一百多年，大多數的希臘古籍，如數學、醫學和哲學都被譯成了阿拉伯文。自公元七五〇年到九〇〇年的近二百年間，阿拉伯的穆斯林成為希臘古

典學術思想的繼承人。這種智力進步的實現和維持，完全得益於阿拉伯人的一種民族心態——對古代學問的文明嗜好以及對被征服地區人民的風俗習慣和文化知識採取「拿來主義」的智力引進策略。

阿拉伯人本來住在無垠的沙漠裡，映入眼簾的無非是如火如焚的驕陽、閃爍的群星、悠悠的明月、狂舞的風沙。如此的生存環境鑄成了阿拉伯人豪爽而粗獷、質樸而簡單的行事處世方式。當阿拉伯人統治波斯後，特別是阿拔斯王朝前期（公元七五〇～八四四年），開始從半島大量移民到波斯。走出大漠的阿拉伯人立即被異民族先進燦爛的文化所吸引、所折服。加之自八世紀中葉阿拔斯王朝建立之後，阿拉伯人的軍事擴張基本停止，帝國的局勢日漸安定。此時，為了「坐江山」的需要，阿拔斯王朝的統治階級也迫切希望吸取先進文化，希望把波斯、印度、希臘、羅馬……的古代學術遺產譯為阿拉伯語，以滿足帝國各方面的需要。歷時百年的翻譯運動就此逐成一片浩大聲勢。

翻譯科學和哲學著作的過程從曼蘇爾統治時期開始，到曼蘇爾的曾孫麥蒙時代達到高潮。在這位第七代哈理發麥蒙的提倡、鼓勵和支持之下，穆斯林學者以及阿拔斯王朝統治下的非穆斯林學者競相前往君士坦丁堡、塞浦路斯等地，搜集古籍。麥蒙本人與拜占庭皇帝之間亦有密切的聯繫。麥蒙曾寫信給拜占庭皇帝，要求允許巴格達派代表團到君士坦丁堡搜求古籍，並請求協助。麥蒙的要求得到允許後，他派遣了哈查吉・本・瑪它爾和伊本・巴圖力格前往那裡。

與此同時，麥蒙在巴格達建立了一座綜合性的學術機構，稱之為「智慧宮」。智慧宮中的圖書館、研究院和翻譯館，是繼被焚毀了的「亞歷山大圖書館」之後最大的學術場所。從君

士坦丁堡和塞浦路斯搜求到的古籍，都被運到巴格達，收藏在智慧宮中。於是，那時的巴格達就成為彙集古典文化遺產的汪洋大海。據說，當時的大學者約翰・本・馬西衛也到過君士坦丁堡。麥蒙還命沙克爾的三個兒子：穆罕默德、艾哈邁德和侯賽因將希臘古典名著翻譯成阿拉伯文。接著，麥蒙又派出大翻譯家侯奈因率領的另一支代表團到君士坦丁堡求書，此行帶回大批稀世珍本，到手後便立即著手翻譯。

這一智力的引進過程得到麥蒙的全力支持。麥蒙在哈里發職務的光圈上增加了意義相當深遠的智力奉獻──這種極為稀有的特徵。

據說，有件事情曾促使麥蒙這樣做：據伊本・奈丁在《目錄大全》中記載，亞里士多德曾假托一個「身分煊赫」、鬚髮皆白的老人形象出現在他面前。亞氏容光煥發，和藹可親，走到麥蒙床沿坐下。麥蒙肅然起敬地問道：「你是何人？」那人答：「我是亞里士多德。」兩人隨之進行了一場關於神之性質的對話。這次短暫的會晤增加了麥蒙對希臘哲學和科學的興趣。雖然，這可能是附會之說，但「日有所思，夜有所夢」，麥蒙迷戀希臘哲學，熟讀亞里士多德的書，對亞里士多德產生的崇敬之心，在夢中有所反映，這也是順理成章的。

令史學家及後人感嘆不已的是，哈里發麥蒙給予他的首席翻譯大師侯奈因、本・易司哈格翻譯的報酬是與譯出的書本同等重量的黃金。這酬金之昂貴，到後來幾乎使國庫都無力支付。侯奈因並不是穆斯林，而是基督教徒，但他精通希臘語、波斯語、古敘利亞語，尤其擅長將希臘語譯為古敘利亞語和阿拉伯語。重酬之下，侯奈因不負厚望。由於他的翻譯，古希臘名醫及伽林學派的卅九篇論文都被譯成阿拉伯文，使伽林的一些重要著作得以流傳下來。不僅如此，他還譯了亞里士多德的

《範疇論》、《物理學》，柏拉圖的《共和國》、《提摩斯》和《法律篇》，希臘名醫希波克拉底的《格言》，狄奧賴德的《藥材》，托勒密的《四重》，甚至包括希臘文的《聖經‧舊約全書》。

與此同時，侯奈因以極其嚴謹、認真的態度，用充滿智慧和想像力的思維，創造出了一批新的阿拉伯語彙，並將那些找不到對應詞的外來語阿拉伯化，從而把阿拉伯語從一般宗教用語和日常用語，變成學術和教育的語言。僅這一變化，對阿拉伯科學文化發展的影響就難以估量。所有的這些成就，人們不能不承認是哈里發麥蒙的智力引進政策！「用與書本等重的黃金作稿酬」——所產生的效應。

顯然，對哈里發麥蒙，以現代眼光看，至少有三方面是出類拔萃的——

（一）是其對知識和智慧價值的見識。用與書本等重的黃金支付翻譯的稿酬，表明他對知識價值極其尊重——知識像黃金一樣貴重，知識就是黃金。當然，在麥蒙的時代，用黃金支付稿酬並不罕見，罕見的是他支付的是與書本等重的黃金。儘管那時阿拉伯人已從中國學會了造紙術，但一本柏拉圖的《共和國》，在今天的造紙水平下，至少也有一公斤重。用一公斤的黃金支付一本書譯稿的稿酬，那每頁紙的含金量該值多少？這閃閃金光映現出的是以麥蒙為代表的先進阿拉伯人對外邦先進文化的渴慕以及對像侯奈因這樣的傑出人才的敬重。知識在他們眼中的價值是既勝於物質財富，又超越了宗教差別。因為侯奈因並不是穆斯林，而是基督教中一個派別聶斯脫利派（即景教）的教徒。當時麥蒙氣度恢宏，廣求各方人才，不問宗教信仰，也不管什麼民族，只要有真才實學，都被羅致到巴格達。

（二）是其對知識生產特點的見識。知識生產不同於物質生產。一般說來，只有在物質生活滿足了人們基本的生存需要之後，人們才有餘暇從事知識與學問的研究。麥蒙給侯奈因的勞動如此優厚的報酬，就是讓侯奈因能安下心來潛心學問。在那個時代，哈里發的重賞，既使翻譯家的生活優裕、安適，又提高了他的威望與社會地位，結果，侯奈因不僅自己譯作甚豐，而且還指導別人翻譯了大批希臘典籍，還不辭辛勞，到伊拉克、沙姆、埃及和羅馬等地收集圖書珍本。在一批受到與侯奈因同樣優厚待遇的文人學者共同努力下，中世紀的智慧宮終於成為彙集世界古典文化遺產的寶庫。從哈里發麥蒙的做法可以想見，精明的阿拉伯人是斷然不會贊成「既要馬兒跑，又要馬兒不吃草」的短視之庸見的。事實上，阿拔斯王朝從開國元勳起，都程度不同地對知識生產取重酬厚償政策。麥蒙的前輩，名垂史冊的偉人哈里發曼蘇爾和哈倫‧拉希德都以此聞名。麥蒙的做法自然是「青出於藍而勝於藍」。他為知識生產者創造的社會環境，終於使他在位時的巴格達成為阿拉伯世界學術文化的中心。各地穆斯林學者互相訪問、互相學習、互相答辯、互相交流，蔚然成風，展現了一派百家爭鳴、百花齊放的繁榮景象。

　　（三）是其對利用外域知識的見識。阿拔斯王朝時期，阿拉伯帝國幅員遼闊，帝國內多種族、多宗教的多元社會生活急需綜合治理，整個帝國的財政收入需要精細的計算，龐大的國家機器的有效運轉也必須建立在科學管理的基礎上。這一切對剛從遊牧生活向文明城市生活過渡的阿拉伯人來說，是頗為生疏的。尤其隨著帝國的建立，阿拉伯人接觸到了敘利亞文化、希臘羅馬文化、波斯文化和印度文化，本民族與先進民族在文化發展上的鮮明差距也強烈震撼著阿拉伯人。高明的阿拉伯人

對此斷然採取了「智力引進」的明智之舉，翻譯外國典籍就是其第一步。在倭馬亞王朝時代，阿拉伯人已開始重視把外國學術著作譯成阿拉伯文的工作了。哈里發麥蒙對譯稿的優厚報酬自然大大推動了翻譯工作的進程，而譯成阿拉伯文的希臘文化典籍，被阿拉伯人拿來學習、掌握、利用之後，一下子縮短了其與先進民族的差距。經過百年翻譯運動，到阿拔斯王朝後期，僅短短幾百年，阿拉伯的學術文化就已基本成熟。阿拉伯已經有了很豐富的大辭典，文章修辭已創造出優美的風格，哲學產生了新的體系，湧現了不少著名的哲學家。同時，還產生了伊本·奈丁的阿拉伯文學史《書目》。這本文史辭典式的著作，為阿拉伯學術創造了一個新時代。百科全書及專科字典也已問世，各種學科如宗教學（經注學、聖訓學、教義學、教法學），人文科學（語言、歷史、地理、哲學），自然科學（醫學、化學、數學、天文學、動物學、植物學）都日益繁榮。

這些由「智力引進」策略所結出的碩果，使阿拉伯人超越了他們部落存在的狹窄區域，而且幾乎強制地將他們推入當時的文明階段；外邦異族的一件件令人眼花撩亂的科學和文化珍品大大開啟了阿拉伯人的心智，使其智力的發展打破了一般自然進程而躍遷到較高的發展階段。以艾哈邁德·愛敏的觀點，由於各民族生活在不同的自然環境裡，「自然環境」也許會加速或延緩一個民族智力生活的發展，但無論如何，各民族思想發展的趨向只有一個；不同的環境也許會給各民族的智力生活染上一些特殊的色彩，但底色是一樣的。各民族智力發展的過程，如同人的一生一樣，要經歷童年、少年、青年、中年和老年這幾個階段，正如每個人的膚色、習俗、氣質和品德各異，但每個人都必經這幾個階段。

德雷珀在《歐洲智力發展史》中，把各民族的智力發展分成五個時期——

一、輕信和迷信時期。
二、懷疑和探索時期。
三、信仰時期。
四、理智時期。
五、衰老時期。

這五個時期依次銜接。蒙昧時代的阿拉伯人顯然處於輕信、迷信的時期。伊斯蘭教產生前不久，許多人已進入懷疑和探索的時期。而到了阿拔斯王朝的麥蒙時代，人們看到了另一番景象；由於上述種種翻譯成果以及辭典的問世，人們開始用理智和邏輯傳播自己的宗教。學者們解釋問題時，都使用理性分析和邏輯語言。《古蘭經》注、聖訓注以及法律的制定都受到了這種思維的影響。宗教學如此，自然科學更如此；如醫學、數學和天文學完全依靠實驗，依靠分析和邏輯上的論證。這種種表現都證明了麥蒙時代阿拉伯人智力的上升。

想像力和表達力的上升表現在文學上。如伊斯蘭教以前阿拉伯人歌詠兩個情人的詩，有這樣的句子——

共乘駝轎，情語綿綿；
駝鞍有情，左右款擺。

在阿拔斯時代，情詩的意境則大不相同了——

小眠之後，黑夜將我倆聚在一起，

一顆心緊貼著另一顆心，
我倆共度春宵。
將杯酒澆注我倆緊貼的心間，
也不會漏下一滴到地上。
……

　　抽象思維能力的上升不僅表現在數學上——阿拉伯人引進
了印度數字，並將其傳入西方；尤其是對「零」的認識，使數
字的概括能力大為提高——而且還表現在其他學科上。許多法
學家在引證一節《古蘭經》或一段聖訓時，既要看其轉述或引
證的正確性，又運用邏輯推理支持自己的論點，駁斥論敵的責
難。阿拔斯時代的語法學也如此。當時，為了弄清楚一個問
題，既聽遊牧人的傳述，又依靠思維的論證。

　　誠然，這一種由智力引進所引發的民族智力水平的躍遷，
一開始並沒有預見到如此深刻的結果，而只是從極為實際的目
的出發的。曼蘇爾患有胃病，所以他就特別注重醫學的發展以
及醫學書籍的翻譯；而麥蒙迷戀古希臘哲學，從而對每一本新
的哲學譯著都先睹為快，由此有意無意地推進了哲學著作的翻
譯工作。除此以外，蘇格拉底、梭倫、赫爾馬斯、畢達哥拉斯
以及類似的名人所作的道德格言集，也是最早被譯成阿拉伯語
的文選之列，因為這種倫理學和宗教的作品，部分作為社會精
品的內容，部分作為道德教誨的素材，受到哈里發們以及權勢
顯赫的貴族們青睞。但所有這一切所組成的合力，卻造成了聲
勢浩大的「百年翻譯運動」的動源。

　　人類社會一切知識和成就的發生，都要以智力與體力為基
礎。這就好比人們吃蘋果，知蘋果可以吃，就是智力，爾後舉

手抓住蘋果而吃之，要靠體力；兩者結合在一起，才能把蘋果吃掉。如果知道蘋果可吃，而不能舉手摘它，是有智力而無體力；如果能舉手去摘蘋果，但不知蘋果可吃，是有體力而無智力；這兩者缺一，都不能吃到蘋果。如是，對於一個正常人來說，他有沒有蘋果可吃的智力，就成為他能否吃到蘋果的先決條件，而蘋果的美味和營養，又是人們健康生存的佳美滋補。

對於遊牧出身的阿拉伯人來說，強健的體魄是他們已具有的東西。他們從沙漠走向城市，成為阿拉伯半島的統治者時，無論從統治者個人還是從整個民族而言，如果不發展智力，就不可能獲得人類文明的金蘋果；而沒有人類文明的金蘋果，阿拉伯人也難以成為帝國真正的統治者。這是一種基於生存意識的求知渴望。

經過持續兩百年的翻譯運動，阿拉伯人借助於其他民族關於「蘋果」的知識，終於得到了人類文明的金蘋果。他們從對希臘典籍的翻譯中學會了邏輯學，給阿拉伯學術打上邏輯學的烙印。在亞里士多德邏輯學中占有重要地位的類推法，被廣泛使用於教法研究、語法研究、哲學研究之中。由於受希臘哲學的影響，阿拉伯──伊斯蘭帝國湧現出一批百科全書型的哲學家，形成了阿拉伯──亞里士多德學派，為促進中世紀哲學和科學的發展做出了重要貢獻。他們從波斯典籍的翻譯中，學會了統治方式。他們仿效波斯薩珊王朝的管理體制，設立大臣、宰相職位，建立起一套有效的統治體制，使龐大的帝國機器能有效運轉。他們從印度典籍的翻譯中，學到了數學與數字知識，還在印度數學的基礎上，發明了「代數學」；他們在這方面的成就使人們至今把印度數字稱為「阿拉伯數字」。

在充滿生存競爭的世界裡，阿拉伯人終於「用與書本等重

的黃金作稿酬」式的慷慨為代價，成為當時文明世界的強者。勒本在其所著的《阿拉伯文化》一書中寫道：「直到十五世紀，歐洲學者沒有一個不受阿拉伯學術影響的。」「他們或師承阿拉伯人，或翻譯阿拉伯文典籍。阿拉伯人的著作，特別是科學著作，被歐洲大學廣泛採用，達五百年之久。」

求學問是男女穆斯林的天職

　　一般說來，在世俗的眼光中，沒有比皇冠和帝位更為高貴了。但是，在阿拉伯的歷史上，卻有一位人物，寧願放棄王位而去追求學問，他就是阿拉伯倭馬亞王朝哈里發一世的兒子哈里德。

　　哈里德從小喜求學問，長大後不願繼承哈里發的大位，而志願從事化學和醫學的研究，著書立論，不問政治，埋頭學習，前後長達近三十年。他用阿拉伯語寫的一部有關星相學的著作，至今還有一本手抄本收藏在伊斯坦堡的博物館裡。哈里德對學問的這般執著，令人嘆服。

　　在近代史上，放棄王位，另有他圖的有英王室的愛德華八世（溫莎公爵），他不愛江山愛美人，為了與自己鍾愛的女人結為連理而斷然退位。他的舉動雖然也驚世駭俗，著實讓天

・男穆斯林

下轟動了一陣子，成為美談，但是與哈里德的行為比較起來，似乎總是有點遜色。令人嘆為觀止的是，在倭馬亞王朝中，哈里德只是其中的典型一例。當時阿拉伯知識分子，包括一些上層人士，獻身於學術文化研究的比比皆是。因為自伊斯蘭教形成之後，在阿拉伯人心中就樹起了一個信念：「求學問是男女穆斯林的天職。」

把求學問視為天職，最早出自伊斯蘭世界的先知穆罕默德之口。伊斯蘭教形成之初，穆罕默德就說：「我受阿拉的派遣，負著宣傳正道、提倡學問的使命。」其後，他又多次以明確的語言規定：求知是每個穆斯林男人和女人終身不渝的天職。他說：「求知，從搖籃到墳墓。」還說：「哲理是穆民們失去的駱駝，必須尋找，哪怕到中國去。」以此激勵阿拉伯世界的人民學習古代希臘、波斯、印度和中國的文化。在伊斯蘭教的經典中，鼓勵求學的聖訓很多。如「求學比禮拜更善」，「為求學而死者」等於殉教者（捨希德），「守財者死，有學者生」。這些聖訓，都是以「求學問是穆民的天職」觀念為基礎的。在世界上所有的宗教中，把學習提到這種高度的，幾乎絕無僅有。

什麼是「天職」？馬克斯・韋伯在解釋基督教新教的天職概念時，曾這樣寫道：「天職」一詞的涵義，具有一種終身使命，一個特定的勞動領域的意義。這種天職概念為全部新教教派提供了核心教義，這種教義認為上帝所接受的唯一生活方式，不是用修道禁慾主義超越塵世的道德，而是完成每個人在塵世上的地位所賦予他的義務，這就是他的天職。韋伯曾詳細考察了這種「天職」觀念對新英格蘭的影響。他指出：「在任何場合，那種清教觀念波及之處，都產生了有利於合理的資本主義經濟生活發展的影響。這當然比單純鼓勵資本積累重要得

多。它是促進那種生活發展的最重要而且是唯一前後一致的影響力量；它是養育現代經濟人搖籃的護衛者。」其實，阿拉伯人的「天職」觀念，對阿拉伯社會發展所起的作用在其廣泛和深刻的程度上，也類似於此。

首先，它為所有阿拉伯的穆斯林，不論男女老幼、主人奴隸、識字或還不識字的人，規定了人生的一個主要活動領域與一種終身的使命，即從搖籃到墳墓，人必須永不懈怠地追求知識與學問；這是真主唯一能接受的生活方式，是真主賦予他的任務。其次，它不但在判斷中包含了對任何人求學行為的褒揚與讚許，而且它直接使求學具有了神聖的宗教意義，求學問成為人們對真主真誠與虔信的具體表現；這就為宗教熱情的宣洩指出了一條前所未有的正道。再次，把求學問視為天職，也就是把求學問視為一種絕對的道德律令，尊為一個人道德行為所應達到的最高形式。

這一「天職」觀念還促使人們的日常生活理智化、文明化。因為它會直接影響到人們的日常生活方式，尤其是閑暇時間的利用方式，會逐步將一切引導到文明生活的軌道上來；它促使一切與求知、求學問有關的事物即使與原有的傳統相悖，現在也都具有了肯定的意義；它還促使造成一種新的社會風氣，即有學問的人成為人們仰慕的對象，被視為民族的精華、社會的楷模。因為這種「天職」觀念已使學習神聖化，學問已

・女穆斯林

同道德完善、宗教虔誠緊連在一起，當社會出現如此的輿論導向時，其走「正道」也就水到渠成了。所以，無論從直接的層面還是間接的層面看，穆罕默德倡導這樣的「天職」觀念，為阿拉伯人擺脫遊牧時代的傳統，開創新生活，奠定了社會心理的基礎。正如新教的「天職」觀念為資本主義的大發展提供了精神護衛一樣，穆罕默德的「天職」觀念也為日後阿拉伯——伊斯蘭文化的大發展提供了精神上的「第一推動力」。

在第一天職觀念的指引下，阿拉伯人鼓勵求學和教學不遺餘力。伊斯蘭教形成之初，當穆罕默德遷到麥地那建立政權之後，他就立即派人到敘利亞學習外語和各種學問。當時為了保衛麥地那，阿拉伯人與猶太人發生了戰爭。猶太人戰敗後，穆罕默德馬上叫猶太教俘虜教授阿拉伯人讀書、寫字，以此作為贖身的代價。這些作法都反映了當時阿拉伯人的求知渴望與無往而不學習的決心。

對追求學問，阿拉伯人既有決心，也有智慧。飛毯是阿拉伯民間故事經常出現的寶貝。凡是得到了飛毯，它的主人就可以坐在上面，以最快的速度奔向他們要去的地方。飛毯會幫助慢者變快，使後進者居上。如果將阿拉伯人關於飛毯的故事與人們熟知的「龜兔賽跑」寓言作比較的話，可以看到，在龜兔賽跑的寓言中，思維的焦點還是集中於腳踏實地、埋頭苦幹會使勤能補拙，落後超過先進；而在阿拉伯人對飛毯的期望與崇拜中，已積澱著運用智慧，把握先進手段，以達到超越常規的意義了。龜兔賽跑中，烏龜的獲勝是建立在兔子的失誤之上的，要是兔子不躺下休息，烏龜是絕對跑不過兔子的。而坐上飛毯，即使跑的本領比烏龜差十倍，穩操勝券還是沒問題的。能夠想像飛毯的民族自然也會為自己創造飛毯。在開化民族已創造的燦爛精神文明面前，阿拉伯人運用其他民族的智慧，為

自己編織了一條飛向文明世界的飛毯。

一、全力廣羅現存的智慧——大力興盛圖書館業。

圖書資料是智慧的結晶。擁有圖書資料是求學問的基本條件之一，也是織造飛毯的基本原料。只有用別人的智慧織造出自己的飛毯，才可能飛向文明世界的任一目標、任一角落。所以，阿拉伯人在開始新生活的最初幾個世紀中，對圖書表現出異乎尋常的興趣，視書為寶。

首先，他們在圖書的收集上不遺餘力。「求知是天職」與「求知即聖戰」的觀念使被征服地區的圖書像財物一樣，成為他們俘獲的對象。軍事勝利進到哪裡，圖書的收集就出現在哪裡。當時，許多希臘文、波斯文和古敘利亞文有關歷史、煉金術和醫學方面的圖書都是帝國的當權者和上層人士先後從被征服地區收集的。哈里發拉希德則從與拜占庭的戰爭中，得到了大批圖書。

阿拔斯王朝的幾代哈里發，從曼蘇爾、拉希德到麥蒙，都曾派人到各地，用重金搜集流散的珍本。他們鼓勵學者雲遊四方，搜集古籍。另外，通過外交渠道收集珍本，也是當時的作法。哈里發曼蘇爾得到的一批著名的希臘典籍就是拜占庭皇帝應他的請求而贈送的。麥蒙也曾派代表團到君士坦丁堡，向利奧皇帝本人索取希臘文著作。其次，阿拉伯人在珍藏圖書方面極具匠心。他們對圖書的裝幀十分考究，精緻的犢皮封面，加上漂亮的阿拉伯書法和鮮艷的色彩，刻印著美麗的浮雕圖案，使圖書顯得異常精美。

「求知即聖戰」的觀念使圖書也罩上了神聖的光圈。為了使圖書便於攜帶和珍藏，拉希德還下令，人們只能用「撒馬爾

罕紙」，即用中國造紙術所造的紙寫字；因為阿拉伯人的草紙性能較差。

當時，他們的圖書館十分普及且管理完善。巴格達圖書館在七世紀中葉阿拉伯帝國形成之初便開始興建，後經哈倫、拉希德擴建。八三〇年，麥蒙在巴格達建成了著名的智慧宮；智慧宮是一個藏書及文化中心。圖書館設有館長和助手、總管和助理，還有書記官及專門負責裝訂的人，甚至還有伺候學者們起居的使女和侍從。除了巴格達之外，大馬士革、開羅、巴士拉、木鹿、布拉哈及安德魯西亞和摩洛哥都設有許多圖書館。僅木鹿城就有十二座圖書館，且一次可借出二百冊書。科爾多瓦城有七十座圖書館，其中皇家圖書館的藏書達四十萬冊，僅圖書目錄就有四十四卷，每卷五十頁。該館管理人員多達五百人，還有許多派往世界各地的圖書採購員。皇家圖書館成為當時歐洲規模最大、秩序最好的圖書館。

他們注意圖書的利用。不少圖書館能儘量向讀者提供借閱、抄寫或翻譯的方便；藏書目錄大都按類編製和存放，以方便借閱。當時，布韋希王朝的哈里發阿托德·道萊在設拉子建立的圖書館，就是把圖書按放在書架上，並且有分類目錄供人查找。有的圖書館還免費向該館抄寫資料的研究者提供紙張，甚至向在該館從事研究工作的學者發放生活費等。顯然，學者作為「飛毯」的織造工，是不能虧待的。

當時，一些有錢的學者、文人仿效哈里發和王公大臣的作法，還設立了私人圖書館，有的藏書達千冊。據說，於伊斯蘭曆七十年出生的艾布·阿慕爾收集的圖書，堆滿了整整一間屋子。到了阿拔斯時代，著書、譯書的活動十分活躍，隨著造紙工業的發展，出現了抄書的風氣，有了書商和書店。這樣，各類圖書館就更多了起來。

二、全力激發活的智慧——學術旅行和學術討論會

在阿拉伯人眼中，學術旅行是求知的一個重要組成部分。他們常常為了求得一段聖訓，弄懂一段經文，甚至為了收集一句格言和警句而不惜跋山涉水。有位學者艾布‧達爾達就這樣說過：我若遇到一段很難懂的《古蘭經》經文，只要有人能給予指點，哪怕他遠在天邊，我也要馬上找到他。學者賈比爾‧本‧阿布杜拉聽說某人有一段直傳弟子傳達的聖訓，便買了一頭駱駝，打點好行李，跋山涉水一個月，趕到敘利亞去聽這段聖訓。那時，語言學家跑到沙漠中遊牧人居住的地方收集語言和文學素材，聖訓學家雲遊四方去收集聖訓，文學家為了向各地民間文學家求教學藝，他們的足跡也遍及伊斯蘭國家；學哲學的人則跑到君士坦丁堡等地尋找希臘書籍，以便進行翻譯——各門學科的情況無不如此。

有人問過文學家門才爾‧本‧瓦綏勒：你對文學的興趣如何？門才爾說：只要我聽到一個未曾聽過的字，我的全身就像長了耳朵，樂不可言。有人又問道：你怎樣求得知識呢？他答道：像失去孩子的母親尋找其獨生子那樣。又有人問道：你怎麼樣珍惜它呢？他的回答更妙：像一個食不果腹的餓漢珍惜他的錢財一樣。

當時，聖訓學家是旅行最多、吃苦最大的人。這是因為聖門子弟在傳播伊斯蘭教時期，分散到了各地，有的定居波斯，有的定居伊拉克，有的定居埃及或敘利亞，有的遠到馬格里布。他們都保存著一些聖訓，

並且傳給了他們的再傳弟子和三傳弟子。每個地方都有一些不為其他地方所知的聖訓。於是聖訓學家便奔走四方，其宗教熱情，使他們排除萬難，歷經艱辛。例如，生長在安達魯西

亞的柏柏爾人葉海亞‧本‧葉海亞‧賴易斯，廿八歲便遠行到西亞地區？先後到麥地那、麥加和埃及，遍聽名師講演。這類例子，舉不勝舉。當時學者們在伊斯蘭帝國各地旅行，好像棋子在棋盤上移動。貧困不能阻，艱險不能移，沙漠的酷熱、大海的驚濤，他們都視如坦途。因為在他們心中，已深深紮下了「求知即聖戰」的信念，以致在許多人眼中，學問就是生活的目的，而不是手段。不管結果是富是窮，也要去追求；不管是生是死，也要去滿足其求知的樂趣。

與學術旅行相輝映的是學術討論會的興起。書院、宮廷和清真寺常常成為討論學術的場所，也是當時重要的學術機構。學者們在哈里發面前，討論教法、語法、詞法、語言學及宗教等問題。這種學術討論在阿拔斯時代呈現出一派百花盛開的繁榮景象。這一方面是由於當時大部分的學術問題尚無定論，不成體系，所以，從純學術的角度看，必然需要展開辯論；另方面也是學者們出於追求真理的願望，並希望得到哈里發和王公大臣的賜與和恩寵。

哈里發和王公大臣為了推動學術的發展，親自參加學術活動，發表意見，支持一派，反對另一派。特別是麥蒙，他知識淵博，通曉多種學術，經常參加學術辯論。他在巴格達住定以後，曾下令為他物色一批法學家、教義學家及學術界人士與之交談。經過層層篩選，麥蒙從一百個候選者中只選中十人，其中包括著名學者艾哈邁德‧本‧艾比和比什爾‧麥里西等。這種座談會和辯論會是促進當時學術發展的一個重要因素，它激勵學者們研究和考慮問題，以便在討論會上能以研究精湛的專家、權威面目出現，而不致失敗出醜。因為當眾失敗等於毀滅自己。因此，學者們對每一次的辯論，都要深思熟慮，長期準備。

在一次有哈里發麥蒙參加的聚會上，教義學家阿卜杜勒·阿齊茲·邁基和同行比什爾·麥里西就一個問題辯論。當比什爾表示認同邁基的觀點，已沒有別的論點可說了時，邁基卻說：「但是，我有。穆民的領袖啊！這是我足足準備了三十年的心血呀！」

由此可見，這種學術討論會對激發活的智慧，促進文化發展，起過多麼積極的作用。

三、全方位兼收並蓄 —— 實行學術寬容。

阿拉伯帝國建立之後，由於帝國境內的猶太教、基督教以及祆教的學者大都是文明古國後裔，又曾就學於希臘學校，往往有很高的文化素養，他們知識淵博，精通數字，擅長書寫，善於管理財務和田賦，出於統治的需要，也許還加上「飛毯」思維在潛意識層面上的影響，阿拉伯帝國的當權者就把他們從各地招聘到巴格達，生活上給以優惠待遇，信仰上給以宗教自由，放手讓他們為帝國服務。後來，這些外族學者大都獻身於阿拉伯學術文化的教學與研究，其中不少人是著名的翻譯家，同時也是傑出的教育家和著作家。哈里發麥蒙在位時代，巴格達的智慧宮中就有大批基督教、猶太教、祆教的學者。麥蒙不問宗教信仰，也不計來自什麼民族，只要有學問，就給予優厚的待遇，讓他們自由探究、自由研討。一時，智慧宮成為薈萃東西方知識精英的大本營。

學術寬容給阿拔斯王朝帶來了言論自由。有一位語言尖刻的諷刺家底阿比勒·胡扎伊，他的唇槍舌劍所到之處，當時的名門望族，不管對他有無恩怨，都無法倖免。有人就到麥蒙那裡告狀：「底阿比勒作詩諷刺你。」麥蒙答道：「他對殘暴、

瘋狂的艾布・阿巴德都敢挑戰，罵我這樣溫和寬厚的人又何足為怪呢？」結果，連這位詩人自己也說：「五十年來，我的肩上一直扛著一副十字架，但卻沒有人把我絞死在上面。」

由於學術寬容，一些諷刺詩被保存了下來。如：當艾敏立自己的幼子為哈里發後，就有詩諷刺道——

宰相的欺詐、教長的賺斷、謀士的意見，
一起斷送了哈里發的職位。
這是驕傲自大的道路，
這是邪惡、墮落的道路。
哈里發的主意算是奇蹟，
宰相的行徑更加稀奇；
但最令人驚訝的是，
我們向一個孩子效忠宣誓。

艾哈邁德・本・艾比・納伊姆還留下這樣激昂的詩句——

只要阿拔斯家族當權執政，
世上的黑暗、暴政就不會消失。

由於這種寬容，各方學者帶來的各方智慧統統匯入了阿拉伯文化的主流之中，使之由涓涓細流變成了滔滔大河。

但是，寬容也是有其限度的。當時的言論自由與哈里發的性格有很大的關係。如哈里發曼蘇爾在政治上心胸狹窄，在學術上卻有廣闊的胸懷。他允許持不同意見的穆阿台及勒派和其學說存在。他還拉攏一位從他身邊逃走的穆阿台及勒派的首領阿慕爾・本・歐拜德，並能鼓勵星相學家、醫生以及各種流派

的哲學家。但事關王權，他不但疑心特別大，而且懲辦極嚴。曼蘇爾曾說：哈里發王朝絕不容許洩漏機密、侮辱婦女、詆譏王權等三種行為。如果說當時的哈里發允許人們在各方面享有自由，那麼在這三方面是絕無自由的。學術若涉及這三方面的問題，懲罰是嚴厲的。當時有三位教長不願意出任法官，竟遭到懲處。原因全出自下列的推理：拒絕當法官就意味著拒絕與阿拔斯王朝合作，從而使人們以為他們之所以這樣做，是意味著他們認為王朝黑暗、治國不公。而「不合作」就意味著會暗中支持阿拔斯王朝的政敵。由此給他們扣上了「不虔誠者」的罪名，使其遭難。所以，學術只有不涉及王權和政治，我們才可以說阿拔斯時代的言論是自由的。

・麥加朝聖

Chapter 5
樂善好施的智慧

行一件善事的人，將得到十倍的報酬

　　阿拉伯人的樂善好施是舉世聞名的。即使在今日，你與阿拉伯朋友交往，如果你熱情讚賞他的某件物品，他會堅持將其送給你，哪怕這是一峰你無法消受的駱駝。翻開阿拉伯的文化典籍，無論是《古蘭經》還是一般民諺，勸導、鼓勵人們做善事的言行比比皆是，諸如：「一刻不忘行善積福，日後必獲佳美回報。」「多行善事，永不厭煩。」甚至勸人們：「行善吧！即使向河水投食，也能贏得回報。」

　　據說，歷史上還真有此事。那是在牟塔瓦開勒任哈里發的時代：巴格達的鞋匠穆罕默德・本・侯森為了多做善事，曾每天做二十張薄餅，在每張餅上印上鞋匠穆罕默德・本・侯森幾個字，然後將餅盛在一個木盤中，放入河中，讓其順水而下。一年半之後，他突然被哈里發召見。鞋匠不知發生何事，心中忐忑不安。沒想到哈里發見了他，詢問了有關薄餅的事之後，對他說：「你能堅持行善，理應得報。」便把巴格達城門附近

的五個村莊贈給了他。原來，哈里發的一個義子游泳遇險，被水沖到底格里斯河的一片荒灘旁。在等待救援的那些天裡，正是從上游沖下來的薄餅救了他的命。哈里發為了報答鞋匠救子之恩，便賜他那些土地。此後，侯森家便富裕起來，他的兒孫後來一直居住在那裡。不用說，這是一個極為典型的阿拉伯式善有善報的故事。

雖然樂善好施、慷慨待客最早源於阿拉伯半島的社會生活方式，那裡大部分人口非牧即商，始終處於流動狀態，而半島的自然條件在多數地區又十分惡劣，流動中，飢餓、患病與死亡是經常發生的事。在與這種生活條件的搏鬥中，人們逐漸養成了樂善好施、慷慨待客的習俗，以此互相救助。但是，行善積福真正成為一種超越部落與宗族觀念的自覺行為，卻是在伊斯蘭教誕生之後。伊斯蘭教以普濟與功利交融的道德智慧，孕育和催發了阿拉伯人新的民族個性。

自然，與所有宗教一樣，阿拉伯穆斯林也有關於今生與來世及善惡報應的觀念。但是，與其他世界性宗教相比較，在阿拉伯人的善功意識裡，已少了些宿命論的色彩，而多了層將命運掌握在自己手中的意蘊。因為在阿拉伯人看來，今世生活既是真主賜予人們的，真主也有權收回它。真主以末日審判來作為今世生活的結束，同時也作為來世生活的開端。真主掌握著根據人的今世行為而在末日給予報應的權力；也就是說，進「天國」的許可證不是可以通過其他替代手段換取，而必須由各人自己的現實表現來決定。

關於「末日」，《古蘭經》作了極為詳細的描寫，它是《古蘭經》中最引人注目的語言。那一天，「是太陽黯黮的時候，是星宿零落的時候，是山巒崩潰的時候，是孕駝被拋棄的時候，是野獸被集合的時候，是海洋澎湃的時候，是靈魂被集

合的時候，是被活埋的女孩被詢問的時候：『你因什麼罪過而遭殺害呢？』是功過簿被展開的時候，是當天皮被揭去的時候，是火獄被燃著的時候，是樂園被送近的時候，是每個人都知道他所做過的善惡的時候。」《古蘭經》中警告說：末日時刻的災難確是可怕的，當那日來臨時，「每個乳母都被嚇得忘記嬰兒，嚇得每個孕婦都要流產。你把人們看成醉漢，其實他們並非醉漢，而是因為真主的刑罰是嚴峻的。」（22：2）

正是在這樣的時候，真主將收回他所創造的萬物。他會將「天」捲起，猶如卷軸將書畫捲起一樣；他會使山岳消逝，使大地變成光禿禿的；他將召集所有的人。當號角吹響時，死人將從墳墓中出來，和活人一同奔向真主，列隊接受真主的檢閱。這時，真主的功過簿將展現出來，世間一切善行和罪惡，在上面都有詳明的記載。「在那日，人人都要發現自己所做善惡的記錄陳列在自己面前。」（3：30）天地間微塵重的事物，都不能逃避真主的鑒察；無論比微塵小還是比微塵大，都記載在一本明顯的天經中。獎善懲惡在此界限分明：「行一椿小螞蟻重的善事者，將見其報。」「行一件善事的人，將得十倍報酬；做一件惡事的人，只受同等懲罰。他們都不受虧枉。」（6：160）一個人在來世是進天上樂園，還是進地下火獄，是由真主在末日審判時確定的。那些「在世時沒有信道，臨死時仍不信道的人，即使以滿地的黃金贖罪，也不被接受，這等人將受痛苦的刑罰。」（3：91）「至於信道而且行善的人，真主要使他們享受完全的報酬。」（3：57）那些敬畏的人、堅忍的人、順從的人、好施的人、在黎明時求饒的人，將是樂園的居民；而那些以物配主者、罪孽深重者、圖謀不軌者、行為詭詐者，將是火獄的居民。

總而言之，真主根據各人的表現，為世間的人們安排了兩

種截然相反的歸宿，這兩種歸宿在《古蘭經》中都得以充分展現。穆斯林們誰不嚮往來世那迷人的樂園呢？誰又不害怕來世墮入那驚心動魄、苦不堪言的火獄呢？如果說來世的命運完全掌握在真主手中，那麼今世的命運卻很大程度上掌握於自己手中。既然真主對人們來世歸宿的安排基於今世的表現，那麼，這就要人們不能不在今世按照真主的旨意去生活，以做到虔誠信仰真主，精心修煉善功。所以說，這種對「樂園」生活的嚮往與對火獄生活的畏懼，以及真主「重在今世表現」的「政策」，推動著每個穆斯林在今世生活中力行善功，不行惡事，堅持不懈地做善事，以做善事為生活的目的和樂趣。鞋匠穆罕默德·本·侯森在一年三六五天裡，天天不懈地向河水中投放食物，在一般人看來近於荒唐，而此舉之中所閃現的正是這樣的善行觀。

這種善行觀的與眾不同之處在於：基督教的善行是救贖人類始祖犯下的「原罪」，主要是救贖「過去」，而伊斯蘭教的善行不是為「過去」，乃是為「未來」，並且與每個個體的未來直接相連，為了收穫而耕耘。心之趨利避害的本性和強烈的獎善懲惡傾向結合，使人們自然會以敬畏之心，把住自己今世生活之舵。

如果把阿拉伯穆斯林的善功視為僅是為來世的一種宗教戒命，而並不能增添今世生活的光彩和興趣，似乎也是不公允的。與其他世界性宗教的善行說相比較，在阿拉伯人善有善報的意識裡，恰恰在為來世的行動中，還多了充實現世的意蘊。這種意蘊，在阿拉伯人「兩世吉慶」的觀念中得到充分展現。《古蘭經》中說，信道而敬畏的人，「在今世和後世，他們都將得到佳音。」（10：64）

事實上，善功像一座橋梁，聯結了今世生活與來世生活，

使人們既能在現世生活中因為行善獲得內心的滿足，從而達到精神上的快樂；又使人們深信能在來世進入樂園，過更美好的生活，從而達到「兩世吉慶」。

這種與基督教和佛教禁慾主義與苦行主義迥然不同的善功意識，在卡布斯對兒子的教誨中表達得明明白白。他對兒子說：「假若你善待別人，而使他們歡欣怡樂時，你心中定然感到舒暢愜意。但當你虐待別人，為他人帶來痛苦時，你將心情沈重，抑鬱不舒。所以你對人不要心懷惡意，刁鑽促狹。因為你給別人憂愁時，你得到的也是憂愁；而你給別人歡樂時，你得到的也是歡樂。很明顯，在你離開此世到彼世之前，不論你的善舉或惡行，都會得到相應的報應。任何人只要認真地把自己一生的善事與惡事做個思考，都不會否定我的話，而將認為我的見解是多麼正確。」

在此，卡布斯不僅從獎善懲惡、因果報應方面理解做善事，也從個人的身心健康、現世生活安樂幸福方面看待做善事，既合天理又合人慾。這與故意貶抑人性的禁慾主義與苦行主義不能同日而語。阿拉伯人的善功並非不切實際的空談，它既反映了宗教生活的需要，也適應了塵世生活的要求，使人們自然會以求實之心，按照真主的旨意去做一切該做的事，以實際行動，求「兩世吉慶」。

在阿拉伯穆斯林那裡，伊斯蘭的善功觀念與伊斯蘭的道德實踐連成一體。《古蘭經》在一些章節裡，規定了哪些該做、哪些不該做的道德行為準則，闡明了生活秩序和規章，對廣泛以及特殊的問題都作了回答。

《古蘭經》把今世生活中人類的社會行為區分為五類：第一類是必須做的事情，做了受獎賞，不做受懲罰；第二類是提倡做的事情，做了受獎賞，不做不受懲罰；第三類是許可做的

事情，做了不應受獎，不做也不受懲罰；第四類是受譴責的事情，做了不受懲罰，而本人可能從中得到好處；第五類是禁止做的事情，做了必須受懲罰，不做應受獎勵。

這五類行為的劃分，把道德中正當、應當、不當三個層面鮮明地區別開來，符合實際，又符合人性，獎懲分明。這些獎懲的劃分和根據的明確提出，為人們的行為提供了統一的準則，信仰和行動在此得到統一。

這種帶有理論色彩的道德訓誡，在其他宗教中頗為罕見。更為要緊的是，這些道德實踐絕不能脫離每個人自己的實際行動。據歷史記載，最早在先知的禮拜寺內講故事的人是泰米木・達理。一天，有個名叫勞哈・欣巴爾的人去見泰米木・達理，看見他在家中為他的馬研麥，而家人則在其側。勞哈・欣巴爾問道：「你的家人不能代你勞動嗎？」達理答道：「他們是能代我勞動的。但是我聽穆聖說過，誰能為他的馬磨了麥糧，又把麥糧拴在馬頸上，阿拉必為每一粒麥子，給他一種善報。」從這個事例，足見伊斯蘭善功觀念的務實性。這種落到實處的善行觀念，在歷史上確為阿拉伯人的道德進化起過積極作用。

但是，隨著對善行的推崇，社會上也出現了過分誇張善行，過分強調「付功」的現象。而伊斯蘭教講的善功，是以認主獨一、謹守拜功、完納天課、朝覲等宗教義務為核心內容的。所以，伊斯蘭教在強調善功的客觀效應的同時，也把強調人的主觀動機包含在善行的道德要求之中。阿拉伯穆斯林堅決反對抱著各式各樣功利性目的去行善的作法，強調行善要自覺自願，認為一切事情以真主的名義去做時才是可嘉的。

《聖訓》裡有一句話說：「每個人只在有意圖的行動時才能得到他意欲得到的東西。」這就是說，人們做事為了阿拉，

只有為阿拉去做的事情才是有德行的事，而那些為了塵世目的去做的事情不能說是有德行的事。任何人如果以真主的名義去做違背真主旨意的事情，甚至去幹壞事，按《古蘭經》的教義，這些人在末日審判時將入火獄並受各種酷刑的懲罰。阿拉伯人通過這一條道德要求，把考察人們道德行為的動機和效果緊緊聯繫在一起了。所謂為塵世的目的去做，也就是為人的現實利益去做。塵世間人的現實利益是各式各樣的，而各式各樣的利益歸結到一點，又都會與人們的物質利益相關。如果為塵世的物質利益去行善，善事就可能變成一些人沽名釣譽的手段。而以真主的名義去行善，那就不是為一己的私利去行善。做善事是為了傳播阿拉的正道，擴大虔信者的隊伍；受恩惠的人們所感恩的是真主，而不是個人；人們在每一件善事中所看到的不是某個人的力量，而是真主的力量。由此，善功才真正在施善與受苦兩方面起到了道德淨化的作用。

在《古蘭經》關於教導人們要修行立德的許多昭示中，都可以讓人們體會到內藏於其中的思維智慧：《古蘭經》並不肯定一切善事，而是褒揚以真主名義所做的善功。伊斯蘭教認為：「不信道者的善功恰如沙漠裡的蜃景，口渴者以為那裡有水，等他來到有蜃景的地方時，沒有發現什麼，卻發現真主在那裡。真主就把帳目完全交給他。真主是清算神速的。」通過不信道者的善功不被承認這一附加條件，堵住了偽信者的後門，在堅持動機的純真性方面，不啻是種雙重保險。

一個人一生做幾件善事並不難，難的是一輩子做善事。伊斯蘭文化通過一套特殊的宗教功課和生活方式，在此對每個穆斯林既督促又激勵——這些儀式除了每日五次的「五番拜」之外，還加上一年一度的「戒齋」與一生一次的朝覲。這些穆斯林所特有的制度化、模式化儀式，起到了一種引發人們的情感

和端正人們的態度之作用。在宗教社會學的視野裡，儀式就是對思想感情經常不斷的重複和對正確態度訓練有素的演練。所以，儘管人們並不是意識到此點之後才做的，但儀式確實對群眾有重大的功能意義。「由於人們的態度具有共同的儀式表達形式，所以人們不但憑此形式來表示自己的態度，而且還轉而強化這些態度。儀式可以使態度上升到一種高度自覺狀態，還會進一步通過這些態度來強化這個精神共同體。」❶

所以，穆斯林們把戒齋看成是「為了在世上留下自己的印記。這種印記不是印在大地上，而是鐫刻於所有人們的心中。」戒齋使人們體驗飢餓的滋味而對貧窮者產生同情心。這種惻隱之心自然是促使人們堅持為窮人做善事的推動力之一。而朝覲的精神目的就是要達到心靈純潔並與真主交流，激勵朝覲者的餘生。一旦完成了朝覲，就被冠以「哈吉」的頭銜。一旦成為「哈吉」，就終身是「哈吉」了。

從每日五次的禮拜，一年一度的戒齋，直至一生一次的朝覲，都成為督促和激勵穆斯林實踐《古蘭經》的教誨，把善行貫穿於行為的自始至終，時時處處行善，通過堅持不懈地做善事而在末日審判時進入天國。只要人們看到，在開羅這樣的世界城市中，當因清真寺擁擠不堪，不得不在人行道上祈禱的禮拜者絲毫不被熙來攘往的旅遊者或車輛分心時，看到在戒齋時即使有錢人愛去的希爾頓飯店底層咖啡館也要到晚上才營業，看到朝覲者在麥加附近的阿拉法特平原巨大的廣場上熱淚流淌，請求真主寬恕並對過去的錯誤誠懇地懺悔時，你就再也不會懷疑這些儀式對淨化人的心靈所具有的特殊意義；你就會佩服阿拉伯——伊斯蘭文化通過其自成一體的善功善行說，在重

---

❶　塔爾稱特・帕森斯：《社會行動的結構》。

塑民族之魂方面所具的功力了。

你們絕不能獲得全善，
直到分捨自己所愛的事物

　　施捨在阿拉伯人那裡就像在猶太人那裡一樣源遠流長。如果說猶太民族是以平常心對待施捨，那麼阿拉伯人則是以敬畏之心看待它。在阿拉伯穆斯林的宗教功課中，天課是「五功」之一，完納天課是伊斯蘭的基本支柱之一。人們說：「穆斯林以拜功來潔淨心靈，以齋戒來壓制食慾，同情貧者，以施天課來制止貪念，支持貧者。」

　　天課是一種施捨，徵自現金、牲口和五穀；每一種類，數量各自不同。一般說，現金的最低徵收率是二‧五％；它是以每年的盈餘作計算的，即除去合理開支之後剩下來的餘錢，需納天課。二‧五％只是個最低而非最高限額。天課無最高限額，只要在不剝奪自己及其從屬的合理條件下，施的天課越多，對施者的獲益也越多。以不知情者的眼光看，「納天課」似是一種類似於交個人所得稅式的經濟行為；但在阿拉伯穆斯林那裡，天課實際上成為一種純潔信仰和道德修養的有效方式：施天課者通過天課克服其自私心和對物質享受的貪慕，建立起對貧困者的同情心；而受天課者不但避免了對其較富裕的教胞嫉妒和仇視，相反，可通過天課，產生好感。這不但平息了社會上因財富不均而可能產生的「不穩定」因素，而且貧富雙方在這樣的過程中，都增進了對阿拉的信仰與敬畏之心。

　　阿拉伯人是如何使這極為現實的經濟行為，昇華到信仰的

理想高度呢？

它首源於阿拉伯人對財富來源的精妙闡釋。在《古蘭經》中，財富被視為真主給予人類的恩惠。真主，作為宇宙的創造者、調養者，當然是萬物的主宰了，其中自然包括一切人類所享有的東西。這樣，穆斯林只是阿拉財富的受托者。因此，根據阿拉的旨意去支配和運用他所賜予的財富，就成為穆斯林對真主的一種責任。在《古蘭經》和聖訓中，都很清楚地告訴穆斯林們，除了用行動和言詞來侍奉阿拉之外，憑藉自己的財富向阿拉表示虔誠的行為，是可能獲致真主喜悅的德行。那些有條件去施天課的人，更應感謝真主對他們的恩典，因為是真主使他們生活得比別人富裕與安樂，使他們有能力去幫助別人。

在《古蘭經》中有這樣的話：「天地的寶藏只是他的。他欲使誰的給養寬裕，就使他寬裕；欲使誰的給養窘迫，就使他窘迫。」（42：12）他「使你們之中的一部分人超越另一部分人若干級，以便考驗你們如何享受他賞賜你們的恩典。」（6：165）在所有這些諸如此類的言語中，明確了阿拉伯人世俗財富的所有權。這種對「產權」的明晰，一下子把人的視野從自私和貪慾，引向了對創造主阿拉的敬畏之中。

阿拉伯穆斯林對財富、人格、末日命運三者關係的精妙處理，也堪稱原因之一。在財富和人格的關係上，他們的處理比那些仍把財富和權力等同於人格的現代人還要高明百倍。阿拉伯的智慧明確地把財富和人格區別開來，認為一個人的財富與地位並不能代表他的人格，只有一個人對真主阿拉的自覺，他自身的品性及處理阿拉所賜予之給養的方式才能在最後的審判中決定他的命運。「慷慨的人接近主，接近天堂，接近人類，吝嗇的人卻遠離主，遠離天堂，遠離人類，接近地獄。」「一個愚昧但慷慨的人，比一個吝嗇而守拜者更能得到真主的歡

心。」這是被《古蘭經》所明確了的原則。因此，伊斯蘭文化要求每一個穆斯林，不論貧與富，都應視其在世上的物質生活狀況為真主對自己的考驗。富者要慷慨和慈悲，要與其他教胞分享主賜予的恩澤，貧者亦要容忍、發憤向上和免除嫉妒。這樣，通過一個至高無上者的力量──真主的力量，首先把貧、富這處於社會兩級的人群引導到統一的大目標。

在些三者的關係中，為全善而施捨，又被作為一個明確的信念而尊為通則：「你們絕不能獲得全善，直到你們分捨自己所愛的事物。」（3：92）施捨是獲得全善的必要條件，而全善又是進天國的必具條件。所以，施捨就與施主自身的道德修養，又與施主自身的最終命運聯結在一起了。由此所組成的利益鏈，使虔誠的穆斯林為求全善而終身慷慨解囊。卡布斯在教誨他的兒子時，曾用了這樣一個比喻：假如國王叫一個僕臣代他去施齋，而這個臣僕並未照辦，卻把齋品都吞吃了，國王知道後，定然會怒火填胸。同樣情況，假如富人只顧自己安閒逸樂，而不去行善積福，至高無上的真主也會勃然大怒的。解讀這個故事，人們當可以體會到納天課在穆斯林心中的地位。

《古蘭經》和聖訓中關於如何施捨的種種精細規定，既合情理，又合施課者與受課者的不同心理，這也許是伊斯蘭施捨智慧中最富特色、最為精湛的部分了，這也許是阿拉伯人能借助於施捨改善貧富關係，穩定社會最為實際的原因。阿拉伯人的人際關係藝術、心理調適藝術、平衡經濟藝術、道德教化藝術，乃至社會控制藝術，都在其中得到生動的展現：在施者和受者均是真主賦予的權力和義務的前提下，阿拉伯人對富者與貧者的善行義務做出明確的區分。天課是那些經濟環境富裕的男女穆斯林的天職，而「施濟」則是每個人皆可行的善事。繳納天課的條件是「財產的擁有人需是一位不是奴隸的穆斯林。

他的財產與任何合約沒有關係；因為如果財產與合約有關連的話，一旦合約不能履行，就有可能招致虧損，而使財產有所損失。除此之外，另一點是財產的盈餘已達到最低應納天課的水平，並連續擁有最低應納天課水平的盈餘財產一年。」

一四〇〇年以前制定，至今仍在阿拉伯世界使用的關於天課受惠者的規定指明，應先受恩惠的：（一）是窮人，即那些不能工作或沒法養活自己及其家屬的人，以及為主道工作而無暇顧及生計的人；這些人中，又規定那些沒有主動要求幫助的人，應先受恩惠。（二）是有急需的人，即那些受災難而失去財物的人。（三）是天課的受徵人。（四）是改信伊斯蘭教的人，即那些因皈依伊斯蘭教而喪失其財富，不能安定過日子的人。（五）是不自由的人，其中包括需付出贖金換取自由的穆斯林人質和戰俘等。（六）是欠債人，即那些因支付合理的必需品而舉債的人（但那些因婚禮鋪張或其他過度放縱、奢侈浪費而蒙受債務的人並不在此列）。（七）是旅客，即那些因某種合法原因要離開其家園而在異國無依靠的人，例如，那些去傳播伊斯蘭教、去求學、去辦公事的人。（八）是可以用於社會公益事業中，如宣傳主道者的報酬，學生、學者和研究工作者的津貼和薪俸及建設醫院、教育機構、圖書館、禮拜寺或為伊斯蘭教服務的團體。

在阿拉伯世界，天課是一項潛力巨大的富源，用得不合理，不但成不了慈善家，反而會成為某些人貪贓枉法的惡源。阿拉伯人關於天課受惠者的這些細微規定，保證了財富的合理流向。如果說天課總量是一座無形的蓄水庫，那條條規定就像條條分水渠，使真主之水流向真主的田地裡。在這些條文背後，清晰地透映出阿拉伯穆斯林的經濟觀——反對累積和不斷大量地牟取暴利；同時，亦不贊成絕對的共產：因兩者皆不公

平。它鼓勵人們要在合法、誠實和從事生產的原則下謀生，並提倡社會和勞資三方面都要平等地共享成果。所以，阿拉伯社會的經濟來源大部分是取之於法定的天課和各教長自願的奉獻樂捐。

如果說受施者只受不予，那麼對施者似乎也是某種不公。阿拉伯的智慧早就對人性的負面有所洞悉。《古蘭經》和聖訓除了規定受者不能接受超出其需要的金錢，當然施者也不能給予超過受者需要的金錢；施天課者所供養的親屬不能接受他的天課；同時還規定了，無能力納天課的人，施濟也是他們可以實行的善舉——給了貧者一個同等的表現機會。

阿拉伯人認為：利用本身所擁有的去幫助別人，則無論其付出多寡，都是對其同胞表示友愛、關心的行為：「你們所施捨的，無論是什麼，確是真主所知道的。」（3：92）不僅如此，伊斯蘭教特別強調施濟並非捐以財物去幫助那些有需要的人，而更是以言行去助人，包括：時間、精力、關心、同情心、支持、善言、祝福等。例如關心鄰居、照顧幼兒、探望病人、參加葬禮及安慰喪失親友的人——這全是施濟。

聖訓中對「施濟」的意義做了許多解釋，比如其中寫道：「當你對人們和藹可親或勸人行善，或制止他人作惡，或指引迷途的人，或幫助視力有困難的人，或清理路上的石塊、荊棘等障礙物，或把你自己的食水分給他人，你已實行了施濟。」穆罕默德曾指明：「如果有人在兩個人之間主持公道，即是一種慈善；如果有人利用他的牲畜去幫助他人背負或運載貨物，那是一種慈善；一句善言也是一種慈善；前赴禮拜的每一步伐，也是一種慈善；如果把路上任何有害的東西消除，那亦是一種慈善。」

總之，任何善意的行動都是一種慈善，也即是一種施濟的

行為。這種廣義的慈善，使社會上貧窮而無力交納天課的人有了一個廣闊的用武之地，有了比捐獻財物更多的做善事求全善的機會；這與中國人熟悉的「有錢出錢，有力出力」的原則十分相似。當交納天課從財物擴展至廣義的施濟行為時，那些真主田地裡的水就變成了澆灌人們善心的甘泉。對廣大的穆斯林來說，每完成一次施濟行為，就是在完善道德的階梯上前進一格。從理想實施的角度看，若這樣的天課有效地徹底實行，社會就可能避免敵對、猜疑，甚至腐敗；它將使人互敬互愛，互相關心別人的幸福。

阿拉伯人的務實態度，使他們甚至對施捨的質量都做了明示：「你們當分捨自己所獲的美品，和我為你們從地下出產的物品；不要擇取那些除非閉著眼睛，連你們自己也不願接受的劣質物品，用以施捨。」（2：267）

穆罕默德說：「阿丹的子孫啊！你們最好把生活必需以外的東西奉獻出來，幫助那些環境比你們欠佳的人；若保留他們，是對你們不利的。」這樣，不但有力地杜絕了富人把施捨變成「舊貨行」與「低檔物資回收站」的可能性，而且也是對施捨者的一種道德檢驗。可繳納天課的財物，應當是：（一）牲口，如牛、羊和駱駝等；（二）穀物，如米、麥和玉米等；（三）果實，只有棗子和葡萄才須納天課；（四）礦產和礦藏，那些從地裡發掘出來的有價物質；（五）金銀，包括鈔票、外幣和其他金錢上的財產。一般來說，第五項是常見的納天課財產。

也許為了避免一些人把施捨變成沽名釣譽的機會，甚至避免這類動機的發生，也許也為了顧及施者與受者不同的心理狀態，《古蘭經》對人們施捨的技巧都有過詳細的指導性說明：

認為施捨這種行為，無論所涉及的是物質上的幫助，或是其他任何種類的施予，都應以慷慨和仁慈的精神行事，而不要有一字的侮辱，或營造一種施捨的感覺。施捨不是一件值得誇耀的事。《古蘭經》告誡施主：「你們不要責備受施的人和損害他，而使你們的施捨變為無效。」（2：264）又說：「為主道而施捨財產，施後不責備受施的人，也不損害他，這等人，在他們的主那裡，將享受他們的報酬，他們將來沒有恐懼，也不憂愁。與其在施捨之後損害受施的人，不如以婉言謝絕他，並赦宥他的煩擾。」（2：262、263）

這是對受施人心理、情感何等細緻入微的體恤，大有一種「送佛送到西天」的終善精神與寬容意識。這種對人們社會心理的深刻洞見，與調適心理不平衡的嫻熟技巧，從穆罕默德時代就開始了。這也許與穆罕默德成聖之前長期的商業實踐有關。沒有商人般靈活的反應與對世情民心的深透了解，難以對人們的心理有如此準確的把握。

令人嘆服的是，正是在這種預見性的把握基礎上，《古蘭經》提出：秘密施濟勝於公開施濟。穆罕默德說；「最佳的施濟莫如右手施予時，左手毫不知情。」

這一行為尺度其一箭雙鵰的作用是顯而易見的——既避免了施者圖虛名的動機，又尊重了受施者的自尊心。這種作法，與當今社會中某些大款人物藉捐贈、贊助而大做為自己貼金的公關廣告正好相悖。對照阿拉伯人通過天課、施濟昇華了人的道德境界，提高了人的道德水準，現在那種做了一點好事就要大吹大擂，論功行賞，甚至還要拿贊助費之回扣的舉動就變得黯然失色了；因為映現在其中的道德之光是如此微弱，而等價交換的商業意識又是如此耀眼眩目，簡直令人難以相信，那一

片公開吹捧聲，竟能提高社會的精神文明水平。與阿拉伯人的施捨藝術相比，也許人們能發現其中的誤區所在。當然，阿拉伯人這種暗中施濟勝於公開施濟的要求也不是絕對的。聖訓中還規定了「若提及其姓名能有鼓勵他人施天課的作用時，則可以公布其姓名。」「施天課時，不需要告訴受課者他接受的是天課。對有些值得幫助而又不肯接受天課的人，可以不必說出金錢的來源，但施者付出的仍是天課。」

如果說禮拜是通過行動和言詞來求全善，那麼，天課則是穆斯林憑藉自己的財富，向阿拉表示虔誠。《古蘭經》中還指出，那些為主道而施捨財物的人，阿拉為他們準備了加倍的報酬。對此，《古蘭經》裡做了個形象的比喻；施捨就像農民種下一粒穀種，將來這粒穀種發出七穗，每一穗結出一百顆穀粒那麼多；這眾多的穀粒是真主決定的，這就是施予施捨者的加倍報酬。可見，施捨的人將來的結局是最好的。

阿拉伯人不但將這個結局與施捨者的末日命運聯繫在一起，而且還與施捨者的現時生活聯繫在一起，即施捨者「在現世將不會像吝惜錢財的人那樣感到『恐懼』，而且會『易於達到最佳的結局』。」在此，人們的心理狀況都被作為報酬的內容之一，施捨對普通人具有更大的感召力。確實，通過施捨而淨化財富，以達到施者心理的平衡，減少財富壓力所產生的情緒焦灼，即讓施捨成為人的一種宣泄手段。

有一份資料表明，巴西醫生經過十年研究，得出的結論令人吃驚：捲入腐敗行為的人容易得癌症、心肌梗塞、過敏症、腦溢血、心臟病等。該醫生認為：腐敗會導致死亡。他對五八三名被指控犯有貪污受賄罪的官員與五八三名廉潔官員進行對比研究，發現前者之中有60％的人生病或死亡，而後者的比例僅為16％。醫生分析認為，腐敗官員易患病的主要原因是存在

心理問題。這個現代的醫學調查又一次說明了阿拉伯人的務實精神：為全善而施捨，即是為兩世吉慶而施捨。

刷牙禮二拜勝過不刷牙禮七拜

　　一九八〇年，伊朗和伊拉克戰爭期間，有一條不太起眼的新聞曾使人們對阿拉伯世界所具的潛力刮目相看。麥加朝聖的日子即將到來時，一個車隊離開伊朗，穿過邊界，進入土耳其，通過土耳其和敘利亞，前往約旦。汽車從那裡開向艾倫比橋。這座橋是約旦河上的一個過境點。一九六七年戰爭以後，以色列一直占領著西岸，該橋是約旦和西岸的連接通道。在那裡，汽車接走一批以色列的穆斯林公民。廿九年來，他們是第一次獲准前往沙烏地阿拉伯，到坐落在那裡的聖城麥加朝聖。這種作法需要伊朗、土耳其、敘利亞、約旦，尤其是沙烏地阿拉伯之間的合作。沙烏地阿拉伯允許以色列公民踏上沙烏地領土是打破慣例的。

　　在交戰之間，還能有如此舉動，除了履行伊斯蘭的義務之外，大概沒有任何理由能使這一集體努力得以實現。事後有人讚嘆說：這表現出穆斯林珍視他們的信仰的獻身精神和他們在最艱難的情況下願為履行他們的宗教義務做出努力——它從一個側面反映了阿拉伯穆斯林整體的道德信念。

　　一位世界著名的政論家稱讚這種道德風貌「在一個不公正的世界中給人以安慰，在動亂的世界中給予連續性，在一個到處是衝突的世界中給人以兄弟情誼。」「這些事例能說明，伊斯蘭教為什麼在政權不斷更迭的同時，卻能興旺壯大的一個很有說服力的原因。」但是，當你有興趣去探尋孕育出那種阿拉

伯穆斯林特有的道德風範之因時，你也許會發現，在阿拉伯民族的文化典籍中，卻極少那種空洞的道德說教及泛泛而談、大而無當的道德原理。他們的道德是生活化的，就體現在日常生活之中。

在阿拉伯世界，《古蘭經》是最高權威。《古蘭經》的具體德目都來自人類生活自身，樸實可信，如公正、守法、行善、踐約、寬恕、敬主。它包括各種能提高人類自身價值、矯正人們性情、使人接近造物主的一切行為，並對私慾、飲酒、賭博和淫亂等惡行加以鞭撻。許多德目都立足於今世，《古蘭經》對人們今世日常生活的各方面都規定了明確可操作的道德律令，以此規範人們的日常行為，甚至對一些行為細節都有明示。穆罕默德說：「一個穆斯林應以六項應有的禮儀去對待另一個穆斯林：當遇見另一個穆斯林時，應向他祝福；當他給予你一個邀請時，應接受他的邀請；見他打噴嚏時，應對他說：『願真主降仁慈於你。』當他生病時，應去探望他；當他逝世時，應跟送他的棺架，以及欣賞他欣賞自己的地方。」在人際關係中，不僅規定了同輩人之間的禮貌行為，還規定了每個人對尊者、長者應有的禮貌。如：「使者集會時，與會者不要隨便退席，直到他們向他請求允許。」

在培養良好的個人衛生習慣方面，阿拉伯人把講究衛生作為對真主虔誠的表現。教規規定，身體不潔淨者是不准進入殿堂禮拜的，因為真主不接受他們的拜功。同時，還在個人的衛生習慣方面作了具體規定：（一）是刷牙。把刷牙與宗教虔誠的程度聯繫在一起，是伊斯蘭極具特色的一著，生活道德化和道德生活化在此得到完美的結合。聖訓中說：「刷牙禮二拜勝過不刷牙禮七拜。」因為念誦經文要運動口腔，而口臭是天神

和在場的穆斯林大眾所討厭的。（二）是左右手的區分，規定穆斯林在處理大小便時都用左手，右手取食物及處理其他不污穢的事務。三是食前洗手以及禮拜前的大、小淨。

總之，人的大多數行為規範都在《古蘭經》和聖訓中有所明示。這些道德規範完全與人們的世俗生活融為一體，人們的一舉手、一投足都受到真主的指點。對七世紀時尚處於魯莽野蠻狀態的阿拉伯人來說，這些條文，每一條都顯現一種新的道德風貌，但每一條都簡便易行，具有極強的可操作性。所有這些，從穆罕默德時代起，就開始在阿拉伯半島實行了。它對結束當時整個半島存在的原始、野蠻現象，建立一種新的道德文明，起了關鍵性作用。沒有宗教信仰的人很難想像這些條文在一千多年前的阿拉伯人中所具有的精神威力。《古蘭經》針對野蠻現象所提出的文明生活準則既具有精神威力，又具有法律上的約束力。出於對真主的敬畏，沒有人敢不執行；無論在人前還是人後，這些守則始終管束著人們的一舉一動。因為真主無處不在且全知。因而千百年來形成了穆斯林獨特的生活方式和道德風貌。

也許，約旦河艾倫比橋上的士兵與車上的以色列穆斯林在那時都想到了真主，信仰的紐帶使他們彼此相容。

道德生活化也是阿拉伯人將信仰與務實交融的智慧的又一範例。國人常說：「於細微處見精神。」阿拉伯人將道德律令與具體的生活實踐融為一體，倒真是在每一細微之處都體現出伊斯蘭精神的睿智。因為在這種將道德生活化舉措的背後，閃現著阿拉伯人對道德建設規律的某種天才領悟；顯然，在他們看來，道德修養不是呼口號、刷標語、唱高調，也不是閉門思過，而是實實在在規範日常生活中的每一個具體行動。道德行為勝於道德高調。同時，道德修養也不是一個「運動」，一個

「道德周」、「道德月」所能完成，而是要體現在經年累月的努力之中。穆斯林每日五次的禮拜，禮拜前從刷牙、整理衣冠到大淨或小淨，從潔淨外表到潔淨心靈，這天天如此、不厭其煩的行為本身就是這種信念的體現。在他們看來，道德修養更不是可以「人前一套，人後又一套」，「抓得緊時一套，抓得鬆時又一套」，「對熟人一套，對陌生人又一套」的權宜之計，而是一個穆斯林終身的戒命，是死後能否進「天國」的必具條件；這不是一種做給他人看的「他律」行為，而是為了自己來世命運的「自律」行動。因此，大多數穆斯林是懷著敬畏和虔誠的心情履行他們的道德義務的。

極為重要的地方是，阿拉伯極其強調履行這些道德規範時的動機要受真主的評判。他們認為，無論哪一種特殊的態度和行為方式，究竟是好是壞，最終是由真主根據那些行為的動機進行判斷的。一種行為不論在表面上多麼好，如果那行為本身是出於其他原因，並不是為了真主，那麼這種行為的真正價值是值得懷疑的。而真主是全知的——所以，人們可以欺騙他人、甚至欺騙自己，但無法欺騙真主。這就關上了弄虛作假的大門。當然，「人非堯舜」，這對於中國人、外國人都一樣。雖然，也許在穆斯林中仍存在作惡的人，但這些訓誡，對大多數人來講，確實具有強大的精神作用。

伊斯蘭教誕生之後，在幫助阿拉伯人建樹新道德的過程中，在具體方法上，也映現著伊斯蘭的智慧。

首先，他們使群體道德水準的提高立基於個體道德水準的提高上。穆罕默德說：「眾歸信者如單個人，若他的眼睛受影響，他整個人也受影響。」很清楚，一個社會的整體道德狀況是由個體道德狀況所決定的。在《古蘭經》中有許多有關個人

道德行為的章節：第卅一章第17～19節中說：「我的小子啊！你應當謹守拜功，應當勸善戒惡，應當忍受患難；這確是應該決心做的事情。你不要為藐視眾人而轉臉，不要洋洋得意地在大地上行走；真主確是不喜愛一切傲慢者、矜誇者的。你應當節制你的步伐，你應當抑制你的聲音。」

　　在整個這類具體的訓示中，穆斯林被指令要完成對他人的承諾和約定，要守信、遵約和償還欠債。謙恭、質樸、克制個人情慾、誠實、廉潔、忍耐和堅毅是極被重視的德目。他們的道德生活化，實際上都是結合個人的日常生活實踐來規定一個真正的穆斯林所應履行的道德規範。

　　所以，《古蘭經》中這類明示用第二人稱單數多於用第二人稱複數。企圖通過改善個體的道德狀況從而改善整體的道德狀況，也許，這就是其良苦用心之細微吧。

　　其次，既對日常生活作一般的行為規範，又對個別行為作特殊的行為規範。這些行為規範是根據本民族的特殊境遇而制定的，反映於《古蘭經》中的「三不守則」就是例子。所謂三不守則，就是不壓迫孤兒、不喝斥乞丐、不吝嗇。

　　孤兒曾是當時阿拉伯社會一個嚴重的社會問題。因為在當時的自然和社會環境中，瘟疫和戰亂奪去無數青壯年的生命。穆罕默德幼年時，也是千千萬萬個孤兒中的一個。因此，在阿拉伯世界，「憐恤」孤兒被列入道德修養的重要內容。有關憐恤孤兒的行為規範規定，對於一個孤兒，阿拉伯人認為他最親的親屬有責任照顧他，猶如照顧自己的兒女一樣。如果孤兒沒有親屬，或由於某些原因，親屬不肯負起對孤兒的責任，那麼其他的穆斯林或穆斯林團體便有責任去盡力慈愛和照顧那個孤兒。《古蘭經》中說：「他們問你怎樣待遇孤兒。你說：馴為他們改善他們的事務是更好的。如果你們與他們合伙，那麼，

（你們應當記取）他們是你們的教胞。』」（2：220）

　　《古蘭經》還告誡人們，不能以自己惡劣的財產去換取孤兒佳美的財產，不能把孤兒的財產併入自己的財產，也不能在孤兒還沒有長大時，趕快浪費地消耗掉孤兒們的財產。他們還從法制上確保孤兒的財產不被侵吞，甚至詳細規定了孤兒之監護人的職責。如果他們是富裕的，他們應當廉潔自持；如果是貧窮的，則可以從孤兒的財產中拿取合理的生活費，直到孤兒「達到適婚年齡」，有能力處理財產的時候，把財產交還給他。交還時，則「應當請證人」。這些行為規範不但使社會面臨的嚴重問題得到緩解，而且，其中更深的實際意義還在於，如果一個人對無依無靠的孤兒都能做到憐恤、關心與公道，那麼，就不用說對其他人了。所以，是否憐恤孤兒，就成為一條重要德目。

　　不喝斥乞丐、不吝嗇，是規定了人們對社會上貧窮者的社會責任。它要求人們仗義疏財，賑濟窮人。不過，這不是從一般的慈善意義上強調此點，而是從另一個相對於其他宗教來講是全新的角度，即從乞丐與貧民自身的權利及富者的自身利益方面強調了此點。《古蘭經》中指出，在信道者的財產中有乞丐和貧民的權利，所以，仗義疏財、賑濟貧民就成為一個有財產之信道者的責任與義務。這樣，喝斥乞丐就變成一種極不道德的行為。這就好比在日常生活中，別人向你索取他寄放在你處的東西時，你反而去喝斥別人，這不就有了竊取別人的財物之嫌嗎？

　　從虔誠的阿拉伯穆斯林的眼光看來，在這個世界上，財富是不潔淨的，只有把它部分地退還給真主，才能使之潔淨。這就使仗義疏財、賑濟貧民成為極有益於賑濟者自身的事。這些針對阿拉伯社會現實的特殊行為規範，使當時的阿拉伯社會在

氏族部落統一的過程中，由戰爭帶來的財富的貧富差別等一系列要解決的問題得到一定程度的緩解，使社會矛盾得到一定程度的緩和；與此同時，也培養起人的寬容、同情與互助之心；自此形成了阿拉伯民族特有的道德傳統：仗義疏財、賑濟貧民。據公元十五世紀隨鄭和下西洋的鞏珍在其所著的《西洋番國志》記載：「那個時代的印度洋沿岸信仰伊斯蘭教的國家，風俗淳樸溫厚，遇一家遭難致貧，眾借予衣糧錢財，所以國無貧窮之家。」

再次，阿拉伯穆斯林把一切倫理道德都納入人與真主的關係中加以解釋。通過這種解釋，現實的道德現象和人的道德行為就具有了特殊的意義和特殊的社會作用，使之能真正植根於人的心靈深處。

「真主的確喜愛行善的人。」人們只要按照《古蘭經》中真主所啟示的眾多要求去做，來世即能得到善報。穆罕默德說，「如果任何人關心他兄弟的需要，真主亦會關心他的需要；如果任何人解除他兄弟的煩憂，真主亦將會在審判日解除他的一切煩憂；如果任何人替一個穆斯林隱藏其秘密，真主亦將會在審判日隱藏他的秘密。」這是具有明顯的宗教功利主義特徵的。真主的全知、全能和無所不在，使信仰者產生一種堅定的信念：只要聽從真主的啟示做善事，真主就不虧枉他。這種信念自然會為人們趨善避惡提供原動力。

在善惡的報酬問題上，阿拉伯伊斯蘭的「善惡報酬說」同基督教與佛教相比較，又更具感召力。基督教的最後審判決定人類與生俱來的「原罪」是否能得到最後的救贖，而伊斯蘭教的末日審判則純粹是對人們今世行為的一種報酬。同時，它又與佛教不同。《古蘭經》中說：「在復活日，我將顯公道的天平，任何人都不受一點兒冤枉；他的行為雖微如芥子，我也要

報酬他。」「行一個小螞蟻重的善事者，將見其善報；做一個小螞蟻重的惡事者，將見其惡報。」（99：8）

所以，在伊斯蘭教看來，人在信仰真主的前提下，行善並不在功德的大小，而在於行善本身。一個人的善行雖「微如芥子」或「輕如小螞蟻」，也能得到來世的報應。這與佛教強調功德圓滿是大為不同的。

顯然，伊斯蘭的道德要求對每一個穆斯林來說都是易行的，它成為人們行為的驅動力。為了來世的善報，人們必須立足於今世做善事，必須按真主啟示的行為規範去實踐人生；生活趨向道德化成為其必然之果。

Chapter 6
經商謀財的智慧

當用充足的斗與公平的秤，這是善事

　　阿拉伯人自古重視商業的經營。按古代歷史學家的說法，阿拉伯人不是掮客，便是商人。公元六世紀後期，麥加的對外貿易日漸興旺。那時，阿拉伯人就有了入股合伙做生意的經營方式。每次的商隊，由一個勢力強大的酋長擔任駝隊的首領，每個家族的成員以自己家族的名義，或以家屬所屬部落的名義，投資入股，成為商隊的股東。獲得贏利後，按股分息。當時，任何一個古萊氏族男女，只要有一個「米斯嘎勒」的銀子，沒有不入股的。

　　伊斯蘭教的先知穆罕德就屬於古萊氏族。如果說，當時古萊氏族「全民皆商」，也非誇張之詞。「古萊氏」一詞即由「格爾什」一詞轉變而來，意思是「錢幣」。由此可知，古萊氏族人和「商業」是分不開的。

　　在穆罕默德成聖之前的許多年間，他就已被麥加的民眾冠以「可信者」的稱號。由於他用公平誠實的方式進行貿易，他

甚至贏得了後來成為他的第一位妻子，較他年長十多歲的富孀赫蒂徹的愛情。也許正是由於這樣的文化背景和社會心理環境，使《古蘭經》中有許多關於經商的教誨。在阿拉伯穆斯林看來，以誠實、忠信和公正的態度去進行商業交易，是一種對真主的責任。隱瞞貨物的缺點，或利用他人的無知而從中獲

・公正交易

利，都是穆斯林被禁止做的。

　　在阿拉伯民間，有一個這樣的故事：據說有個人有一群羊，為他放牧這群羊的牧人是個虔誠、正直的教徒。他每天擠完羊奶以後，便把奶提到主人那裡。主人往奶裡兌了同樣多的水之後便交給牧人說：「拿去賣掉吧！」牧人對主人勸誡道：「不要這樣做，不該欺騙穆斯林們。騙人者總沒有好下場。」主人對牧人的話置若罔聞。後來，有天夜裡，那一帶突然下了大雨，山洪爆發，將這群羊席捲而盡。第二天，牧人進城到主人家。主人看他兩手空空，便問：「怎麼沒帶來奶啊？」牧人回答道：「老爺，我不是對你說過奶裡不能攙水嗎！還說過不要騙人！可你偏不聽。結果現在那些水聚到一起，把你的羊群席捲而去了。」主人聽了以後悔恨萬分，但為時已晚。這位以攙假手法搞不公正交易的主人，終於得到應有的懲罰。在阿拉伯民間，告誡人們要公平交易的故事還有許多。

　　如果說民間故事只是從一般的社會心理層面上對此做出反應，那麼《古蘭經》中的條文則是以天啟的形式，把公平交易作為宗教義務和道德戒律規定下來。《古蘭經》中關於公平交易的條文，規定得十分具體。諸如關於禁止使用大秤小斗，經文中寫道：「傷哉！稱量不公的人們。當他們從別人稱量進來的時候，他們秤量得很充足；當他們量給別人或稱給別人的時候，他們不稱足、不量足。難道他們不信自己將復活。」（83：1～4）

　　關於禁止詐騙他人財物，經文中說：「信道的人們啊！你們不要藉詐術而侵蝕別人的財產；藉雙方同意的交易而獲得的除外。」關於嚴禁重利，經文又告誡人們：「吃重利的人，會像中了魔的人一樣，瘋瘋癲癲站起來。這是因為他們說：『買

賣恰像重利。」真主准許買賣，而禁止重利。奉到主的教訓後，就遵守禁令的，得既往不咎，他的事歸真主判決。再犯的人，是火獄的居民，他們將永居其中。真主褫奪重利，增加賑物。真主不喜愛一切寡恩的罪人。」（2：275、276）

法國《古蘭經》學者朱勒·拉龍木經多年研究，把《古蘭經》分為十八大類，而其中商業就是十八大類一。而在商業一類之中，關於公平交易的「訓誡」是其主要內容之一。公平交易是善行，是阿拉伯人經商做買賣的一個基本觀念。

對商品買賣，昂蘇爾·瑪阿里在他的那本被稱為「伊斯蘭文明的百科全書」——《卡布斯教誨錄》中寫下這樣的詩句——

啊！你柔情的光輝照進我的心房，
你愛撫的枷鎖套上我的頸項。
我以生命和痴心買下你的愛情，
你應知道：對買主可不能欺詐。

作者用優美的詩句比喻了商品的誘惑力以及賣主對買主的責任。買賣雙方就像戀愛雙方一樣，當商品像愛情一樣被接受之後，賣主就像求愛者一樣，對自己的感情承擔責任：求愛者不能欺詐被愛者，賣主也不能欺詐買主。正是這樣的比喻，表達了阿拉伯人一個引人注目的觀念，即「公平交易」被視為是像愛情一樣天經地義的神聖事物。事實上，昂蘇爾·瑪阿里的這首詩，它的真面目應該是這樣的——

啊！商品柔情的光輝照進我的心房，
商品愛撫的枷鎖套上我的頸項。

我以生命和痴心買下你這商品，
你應知道：對買主可不能欺誑。

這種思想感情和社會心理，是其他民族不能望其項背的。對阿拉伯商人來說，一旦在交易中受騙，就像在愛情中受人家蒙騙一樣，變成令人難以容忍之事。

曾經有這樣一個故事——

一天，一個商人到金器商店兌換一筆一千金迪納爾的黃金。交易已經達成了，但在計算價錢時發生了分歧。老板說：「你還差我一迪納爾的錢。」商人說：「是你少給了我一基拉蒂重的黃金。」他們為此爭執起來，從清晨一直吵到該做晌禮的時候。

商人十分氣惱，大叫道：「我一步也不能讓。」老板無可奈何，只好又給了他一基拉蒂黃金。那商人拿了黃金就走了。

商店伙計看到商人離開後，立即追上去，說道：「先生啊！請給我一點小費。」於是，那商人便把那一基拉蒂黃金全部給了伙計。老板對此十分茫然，自言自語地說：「那個商人那樣小器，為什麼對這小子如此大方呢？」於是便去找商人，說道：「先生啊！有件事讓人費解。那天你當著眾人的面，為一基拉蒂爭得面紅耳赤。而在你拿到金子後，卻又全給了我的伙計。當初你為什麼那麼計較，後來又為什麼那麼慷慨呢？」商人說道：「先生啊！這並不奇怪。我是一個商人，做買賣是從商人的角度進行的。當我被蒙騙了一個達拉姆時，便如同蒙騙了我半個生命一樣。而當需要慷慨時，若不是樂善好施，便心猶負疚。而我既不想被人誑騙，又不願內疚於心。」老板終於恍然大悟。

「被人蒙騙一個達拉姆，就像被人蒙騙了半個生命。」是這位商人的情感與心理，也是一般阿拉伯人的交易觀念。這種公平交易的觀念，在阿拉伯人那裡可追溯到遙遠的古代。在古代，阿拉伯半島原是商業要道，商人們或將本地的物產運到敘利亞、埃及等國，或將外國的貨物轉運到另外的國家。因為那時海道不寧，商人們不得不選擇陸道。

　　當時，在阿拉伯半島上，有兩條溝通敘利亞和印度洋之間的商業要道：一條是由哈達拉毛北行，往波斯灣的巴林群島直達蘇勒；一條也是以哈達拉毛為起點，避開酷熱的內志沙漠及崎嶇難行的山路，沿紅海海岸線向北西行，而麥加城便是這條路線的必經之地。這兩條商道為阿拉伯人開了一條謀生之路，使他們得到了極大的好處。他們有的自己經營商業，有的受雇於商旅，為別人做馱夫、鏢客或嚮導。在為商旅開闢一條廣闊而有條不紊的商道的過程中，阿拉伯人便以頗講信譽、愛好榮譽、信守諾言著稱。有一些部落常為商隊保路而收取保路費，一旦商隊在路上遇到侵襲，他們便不肯接受人家的保路費，以示交易的公平。這種傳統既源於遊牧部落勇敢好義的民風，也來自維護商道收入的利益需要。

　　隨著歲月的推移，阿拉伯人在自己的文化環境和歷史遭際中所形成的情感和心裡逐漸凝聚積澱起來，在《古蘭經》中昇華為一個天啟的觀念：公平交易是善行。

　　在許多民族那裡，只要是商品經濟發展起來的地方，都有類似於有關交易公平的格言，但是，像阿拉伯人那樣，把公平交易上升到宗教善行高度的，實在不多。在基督教新教倫理中，由於喀爾文教有一種迫使生活合理化的關於系統行為的心理成規，即通過有關合理、系統地安排整體道德生活的戒律，倡導一種持久的自我控制，其中自然包括在交易中的合理行

為──買賣公平。這一切都具有禁慾的特徵，被用來証明自身的蒙恩狀態。而在阿拉伯人那裡，公平交易即善行，出自這樣一些基本的觀念──

其一，人類只是一個真主財富的受托者。伊斯蘭教認為，真主是萬物的擁有者；這包括那些人類所享有的東西，例如，土地、農作物、森林、海洋、礦物和地球上所有其他天然資源。人類作為真主在大地上的代理者，事實上只是一個受托者而已。因此，一個穆斯林應該把他的財富和物質上的擁有看作是真主的賜予與恩澤，必須把它用於取悅主的途徑。公平交易，自然是主所喜悅的。

其二，生活要靠實在的勞動和生產性的投資，得來的財產，不可用於任何導致對他人不公平、壓迫和傷害的用途上。所以，不公平交易是真主所禁止的。《古蘭經》中說：「你們不要藉詐術而侵蝕別人的財產，不要以別人的財產賄賂官吏，以便你們明知故犯，藉罪行而侵蝕別人的一部分財產。」（2：188）

其三，寧分享，莫剝削；寧合作，莫競爭。伊斯蘭，在阿拉伯詞彙中，即和平、順從之意，也就是順從真主的旨意。真主在《古蘭經》中多處教誨：「你當以善待人，像真主以善待你一樣。」（28：77）「你們賣糧時，應當量足分量。你們應當使用公平的秤稱貨物，這是善事，是結局最優的。」只有公平交易才能避免剝削和競爭，達到分享和合作的境地。

這些基本觀念，使交易上的公平和誠實被看作對真主的責任，具有了神聖的意義。這使一般的經濟行為變成一種宗教的道德實踐；經過交易所獲得的，不僅是一個經濟的結果，更重要的還有一個靈性方面的結果──因實現了對真主的責任，順

從了真主的旨意而達到了道德的「善」。當人們按公平原則交易時，作為一個既公平又誠實的穆斯林商人，他不僅能從生意中獲益，而且還能在精神上獲益。顯然，通過這些基本觀念，阿拉伯人把經濟原則變成了倫理原則。這就使「公平交易」這樣一個看起來極為普通，與其他民族相類似的經濟運作規則，在精神上卻迥然不同：每實現一次公平交易，就做了一件善事，就朝著未來最優的結局前進了一步。這種「於實務中見精神」的作法，又是阿拉伯智慧的一個感人之處。

當「公平交易是善行」從一個經濟原則變為宗教倫理原則時，就自然而然被引申為「公平是善行」的思想，並擴展到社會生活的各個領域和層面，成為人們待人接物的一般準則及價值取向。這樣，在阿拉伯人那裡，公平就成為對道德行為在人與人之間的關係中表現出合理性的認可；它不是某一個具體的道德要求，而是滲透於每一個道德行為之中。凡是在本質上體現為公平的，便是合理的，凡是本質上表現出不公平的，便是不合理的。

這種公平可以分為兩種形式，一是外在的公平，二是內在的公平。外在的公平是體現真主意志的善，通過《古蘭經》中的行為規範以及社會宗教教徒的力量來實現；內在的公平是社會成員自願踐行真主的意志。前者反映的是對真主的敬畏、順從；後者體現的是個人在真主啟示下的道德自律，它是一種對生活持積極態度的道德情感與宗教情感。外在的公平通過內在的公平，在社會道德中發揮巨大的作用。諸如不欺詐、不造謠、不違背諾言、賑濟貧民等等所有這些《古蘭經》中教導人們的行為規範，只有與公平結合在一起，才能証明這些具體道德要求的合理性。

所以，公平就成為社會一切道德要求的標準尺度和價值取

向。公平的道德觀念體現於一個個具體的善行之中，一個個具體的善行表達了社會的道德公平。這樣，體現真主意志的公平，作為一種善行，以一種強有力的精神力量灌輸到社會道德生活的各個層面，轉化到人們行為的各個層次上，如行為動機、行為過程、行為的價值判斷、行為選擇，從而形成了伊斯蘭道德文化中強大的宗教民族所特有的道德情感和獨有的道德行為方式。

有這樣一個民間故事，說的是公主和一位青年歌手之間發生的事。在果園裡彈拉巴卜琴和歌唱是那位青年的愛好，他的歌聲悠揚動聽，音色甜蜜悅耳。一天夜裡，正巧魔術公主和丫鬟駕著一根老樹幹經過果園。公主聽到歌聲，心馳神往。她們就降落下來，結交了這位青年。公主為了天天聽到他的歌聲，就施用魔法，讓青年白天死去，晚上又使之復活，聽他的歌聲、琴聲。過了幾天，當青年的父親白天去果園尋找兒子時，發現兒子已死。家人悲痛萬分地埋葬了他。那魔術公主就每晚扒開墳墓，使青年復活，讓其彈唱，白天又恢復原狀。

過了不久，此事讓一直想念哥哥的他的親妹妹發覺了。妹妹就把哥哥晚間唱歌的事告訴了大哥。在大哥的努力下，兄妹倆終於找到魔術公主的住處——一個遙遠王國的首都。兄妹倆將經過稟報國王，請求國王公斷。

魔術公主是國王的女兒，國王如何處理此事呢？當公主承認了此事並請父王原諒時，國王說道：「我的孩子，這是你犯的罪，原諒你，不是我的權力。我的責任是用適當的辦法懲罰你。你用妖法侵犯人權，犯下了罪行。為了避免這種死亡或者類似的災難降臨到人們頭上，必須懲罰一切違法者。」

公主聽後，相信自己是自作自受，但悔恨已晚，只得屈服

於真主的安排。結果，國王自己用寶劍砍下公主與丫鬟的腦袋，並對那兄妹倆說：「我已經公正地判決了她們倆，做到了公平。」然後他又教給兄妹倆使那昏死的青年復生的辦法。青年一家人又開始了先前那樣幸福而快樂的生活。

　　這個故事中的每一方，無論其行為動機、行為過程以及行為中的價值判斷，都是圍繞公平而展開的。兄妹倆是為討還公平，國王是為實行公平，而公主則無可奈何地接受了公平。故事雖然未必真實，但正是表達了阿拉伯人對「公平」的嚮往、理解及行為方式，因此才使其經受住歲月的磨礪而流傳至今。故事中曾提到：「當兄妹倆見國王親自懲處了公主，他們便一起感謝國王的關照，並讚揚國王奉公守法的美德。」

　　顯然，「公平」使國王的行為具有了合理性，也使兄妹的行為具有了合理性。離開了「公平」，「復仇」和「滅親」都將變得難以理解。又是這種以「公平」為善行的觀念，使伊斯蘭教對刑事犯罪的主張是：「以命償命，以眼償眼，以鼻償鼻，以耳償耳，以牙償牙；一切創傷，都要抵償。」（5：45）只有一條除外，即被害者如果「自願不究」，「得以抵償權自贖其罪愆。」（5：45）這成為一條司法的原則。在司法實踐中，究竟怎樣貫徹這一公平原則呢？在聖訓中有這樣一個案例：一個少女被一個猶太人用兩石擊頭部而告到穆罕默德處。穆罕默德審問屬實，令被害人以同樣兩石擊那猶太人的頭部。

　　由「公平交易是善行」演化出來的公平觀和善行觀，使善行和公平或公平和善行密不可分。它不但在上述這樣涉及人命關天的大事上表現出來，也滲入日常生活的人際關係之中。以夫婦關係而言，阿拉伯人允許多妻制，但公平對待眾妻是伊斯

蘭婚姻制度中十分強調的原則，眾妻室的地位一律平等，並沒有正室與偏室的差別，而且，妻究竟能多到何種程度，主要依據丈夫公平對待的能力。沒有能力公平對待的，那麼以少娶妻為好。即使在一夫一妻的情況下，雙方之間也有一個公平的問題。

在阿拉伯民間，有一個獵人和戴羽毛帽子的仙女的故事。故事說：一個獵人就像《天鵝湖》中的王子，一次，邂逅了三位正在湖中洗澡的白鴿仙女。他愛上了其中一位，於是偷了那姑娘的羽毛帽子，使她不能再回到鴿群之中。獵人一直以誠摯的態度對待這位意中人，終於感動了仙女，後來仙女也喜歡上這個體格健壯、心地善良的漂亮小伙子，便點頭同意嫁給他。

婚後他們生活得幸福美滿，有了兩個孩子。又過了好幾年，獵人見妻子對自己感情篤實，再加上有孩子作維繫，他怕失去妻子的那顆懸著的心才漸漸放下了。為了打更多的獵物維持生計，一天，獵人決定出遠門去打獵。臨行前，他把可以使姑娘變回白鴿的羽毛帽子交給她的母親保管。待獵人離家後，聰明的白鴿姑娘施巧計，使其婆婆不得不當眾拿出羽毛帽子，姑娘也當眾帶著她的兩個孩子飛走了。

臨分別前，她對婆婆說：「我飛回娘家去了。如果我丈夫想來找我，那就讓他到利哈島來找吧！請轉達我對他的敬意和感謝。他聰明而高尚，我生活在這裡是幸福的。」等獵人回來之後，遭受這突如其來的沉重打擊，幾乎昏厥過去。但他想起妻子臨別說的話，激動的心終於平靜下來。

故事中有這樣一段話：「他相信妻子的出逃不是出於憎惡，也不是出於怨恨，而是出於婦女的一種尊嚴。她要自己的戀人去追尋她，讓他經過一些磨難和考驗，使他懂得愛情也需

要公平，並非輕而易舉就能得到。」

　　結果獵人歷盡千辛萬苦，戰勝了隨時都有葬身海底的危險，終於抵達了利哈島。然後，按照阿拉伯人的傳統習俗，正式向「戴羽毛帽子的姑娘」求婚。求婚被接受後，法官和証人相繼而至。當著眾人的面，獵人和「戴羽毛帽子的姑娘」正式在鄉親們面前舉行了婚禮。兩人從此幸福地生活在一起，白頭偕老。

　　如果說前一個故事還只是涉及了較為明顯的處理兩個不同社會階層的人之間關係中的公平問題，那麼後一個故事則涉及了處理兩性之間關係中的公平問題，其寓意是深刻的。由於公平是一種善行，所以，無論追求社會階層之間道義上的公平，還是追求兩性之問在情感生活方面的公平，都被視為是天經地義、合情合理的事。

　　伊斯蘭教之所以能對阿拉伯民族之外的世界各地各種膚色的人們產生如此大的吸引力，人們不能小視其「公平」觀所具有的魅力。世界幾大宗教中唯有伊斯蘭教，其內容沒有教階等級，人人必須履行同樣的宗教功課，甚至以宗教教規的名義規定了富人比窮人要盡更多的宗教義務，比如納天課、朝覲的有關規定。儘管有人可能腰纏萬貫，有人可能身無分文，有人貴至國王，有人只是一介草民，但當人們走向生命的終點時，人人都只帶走三塊白布，沒有陪葬，沒有任何多餘之物。其間，還有更深一層的含意，那就是真主對穆斯林的公平。在進入樂園的道路上，大家起點一樣，平等一致，沒有高低貴賤之分，也沒有男尊女卑之分，只要經過修煉，都可以進樂園。人與人之間絕對公平，這對於被日常生活中形形色色的社會不公平弄得暈頭轉向的人們來說，是一塊多麼芬芳的綠草地！阿拉伯穆

斯林以其獨有的道德情感和道德行為方式，贏得了當今世界億萬人民的尊重。

　　美國前總統尼克森在他的最後一部著作《抓住時機》一書中，談到今日的穆斯林世界，其中有這樣一段話：「美國人中間了解伊斯蘭豐富遺產的人很少。他們只記得穆罕默德的劍和他的追隨者把穆斯林信仰送進了亞洲、非洲，甚至歐洲，他們用不屑一顧的眼光看那個地區的宗教戰爭。他們忽視了一個事實：伊斯蘭教義中沒有恐怖活動這一條。而僅僅三個世紀前，基督徒還在歐洲進行宗教戰爭。」❶在這一點上，尼克森說對了。在這個將「公平」視為善行的民族的心理中，不僅沒有恐怖活動這一條，而且反對不公平競爭。伊斯蘭教創始人穆罕默德就一直主張人類不分種族、膚色，都一律平等。在他看來，阿拉伯人不比非阿拉伯人優越，非阿拉伯人也不比阿拉伯人優越，白人不比黑人優越，黑人也不比白人優越，全人類就像真主護佑下的一個家庭，每個穆斯林之間都是兄弟關係。你們「當孝敬父母，當優待親戚，當憐恤孤兒，當救濟貧民，當親愛近鄰、遠鄰和伴侶，當款待旅客，當寬待奴僕。」

　　在這些話語中，都深深浸潤著公平是善行的思想，映照著阿拉伯人質樸美好的心靈世界。在此，人們不僅會佩服這位美國前總統的眼光，也許還會再一次呼籲：伊斯蘭世界應被更多的人了解，世界應更多地了解伊斯蘭世界，這樣才算公平。

---

❶　「美」尼克森：《抓住時機》。

真主准許買賣，而禁止重利

　　阿拉伯人善於經商，這是由來已久的。伊斯蘭教誕生之前，阿拉伯人已十分重視商業。靠近交通線的城市居民大都以經營商業為主。到了伊斯蘭教時代，商人的地位仍然很高。

　　在《古蘭經》裡，有「商業」、「商人」、「經商」、「贏利」、「虧本」等詞彙，並多次提到麥加古萊氏商人經商之事。在世界商業發展史上，阿拉伯人以其是第一個發明並使用匯票的民族而占有光榮的一席之地。

・沙漠商旅

在阿拔斯王朝前期哈里發哈倫‧拉希德時代，巴格達已成為政治、經濟和文化中心。交通的發達和匯票、証券的廣泛使用，給經商活動帶來了便利。在拉希德時代，陸上東部的「絲綢之路」暢通無阻。海上貿易西路同敘利亞來往頻繁，穆斯林商人同東非沿岸的貿易也十分密切。在那時，穆斯林商人在地中海的活動就達到了高峰，並逐漸取代了猶太商人和基督教商人的壟斷地位；而且，活動的範圍比前兩者還要廣泛，甚至在斯堪的納維亞半島上也留下他們的足跡。

隨著國際貿易的興旺，匯兌業在當時已很發達。據說，當時設在伊斯法罕的匯兌市場，兌換商達到二百餘人。庫法城在當時為最著名的匯兌市場。商人使用匯票，在長途旅行中比較安全。當時，任何合法的商人都可使用匯票。持匯票的穆斯林商人可以到非穆斯林國家兌換現金，在異地貿易中使用。此外，支票也已使用。哈里發哈迪曾開了三萬第納爾的支票，賞賜他的酒友，讓其到國庫領取。當時的貿易交往都按這樣的金融制度辦理。此外，甚至還有經紀人的出現。

商業的發達催化了阿拉伯人堪稱一絕的經商理財智慧，而這些由與眾不同的識見所造成的社會文化心理環境又滋潤和養育了阿拉伯的商人與商業。

從《古蘭經》的教誨到一般的社會大眾心理，阿拉伯人關於經商理財、積累財富的一些基本觀念至今讀來都令人為之感嘆。這是以義和利的平衡為軸心的謀財方略。

「謀財經商不為恥。」這是阿拉伯人對謀財經商的基本心態。阿拉伯人對商人的敬重與讚嘆，首先從阿拉伯語「商人」一詞的意義便可以看出來。阿拉伯人稱商人為「塔吉爾」，這在阿拉伯語中，含有「聰明人」之意。因為作為商人，必須具

有善於經營的才幹。

　　在昂蘇爾‧瑪阿里的名著中，有這樣一段寫及阿拉伯商人的話：「這種人為貪求一個達拉姆金幣，從東方跑到西方，又從西方返回東方；不畏路遙，涉水攀山，把生命、財產置於腦後而不顧；不怕劫盜與竊賊，不懼啖人的猛獸，無視路途的險峻。把東方的財寶帶給西方居民，把西方的珍品向東方人民展示；將世界的繁榮視為己任。這些事非商人而不為。對上述危險，非大智大勇者便不能戰勝。」「雖然做買賣和幹手藝活不

・長途商旅的守衛者

同，幹手藝活需要熟練的工藝技術，但實際上，商人的本領更高過工人。」這段話寫於一〇八二年，即距今九百多年之前，足見阿拉伯人對商人的態度了。

經商需要勇氣。在那個時代，阿拉伯人是靠駝隊和帆船來進行陸上與海上貿易的，所以，商人需要擔當財產和生命的風險。由此，也使商人具有較高的聲望與社會地位。穆罕默德成聖之前，就是麥加城內一個聲譽卓著、受人尊敬的商人。商品的流通，有利於經濟的發展。因此，《古蘭經》中再三強調，真主准許人們的經商活動，並准許商人們為此賺取適當的利潤，以維持自己的生計。

在《伊斯蘭宗教故事》中，有一則穆罕默德和赫蒂徹的故事，其中說道：「赫蒂徹是古萊什部落的貴族，她經常雇用一些男人外出為她做買賣；同時，她也借給商人很多錢財合夥經營，分享紅利。」又談到：「一次，赫蒂徹以四頭幼駝的報酬雇穆罕默德為伙計經商。穆罕默德憑自己的誠實和才能，為赫蒂徹帶來很高的利潤；他比以前任何人在類似的經商活動中為她賺的錢都多。」

也許，這可算是一段平鋪直敘、簡簡單單的文字。但是，正是在這不經意的平淡與簡單中，顯露出阿拉伯人不平凡的經商觀念。阿拉伯人以自己的先知在成聖之前是一位忠誠可信的成功商人而自豪，字裡行間洋溢著讚美之情。這與昂蘇爾‧瑪阿里在他的著作中稱商人為「以繁榮天下為己任的大智大勇者」的讚美是一脈相承的。它與中國傳統社會中的輕商、鄙商、賤商觀念恰成鮮明對照。

「義利之辯」在中國討論了數千年，「君子喻於義，小人喻於利。」把義利分成對立的兩極，講義的為君子，言利的為

小人；重小人則輕君子，重君子則輕小人。按下葫蘆起了瓢，擺弄了幾個世紀都未能擺平。而自古靠商道為謀生與致富之途徑的阿拉伯人，從自己本民族的歷史遭際中，對義利獲得了平衡的認識，即義中有利，利中有義，義利交融。這種文化心理沉澱、鑄就了阿拉伯謀財經商的基本心態，為阿拉伯經商理財提供了強大的精神護衛。縱觀阿拉伯人的民族傳說與《一千零一夜》的數百個故事，幾乎所有致富者的成功都與經商聯繫在一起，這絕不是一種偶然的巧合。

謀財不忘義，這是阿拉伯人謀財經商的一條道德原則，也是實現義利平衡的主要手段。

謀財而不忘義。何為「義」？在以《古蘭經》為行為準則的阿拉伯人心目中，它的含義是多方面的。

它要求人們做合法的交易。在伊斯蘭文化中，有關商業法規，尤其是商業道德的修養，對穆斯林的要求是嚴格的，甚至要聯繫到每個穆斯林的宗教信仰。交易者要堅信自己的事業是為主道、為社會服務的一項重任。伊斯蘭教法中，關於交易的種類、形式，一般是指以實物對實物，或是以實物對協約、合同，或是合同對合同而言。其表現形式大致有幾種情況：按合同性質進行交易，其中現金對實物商品被稱為「買賣」；現金對現金的交易，稱為「兌換」；以實物對合同的「預購」交易；管保退換的交易；限定利潤的交易；高價出售商品的交易等。上述交易種類均可採取貨款兩清、預購定貨、分期付款等方式，但嚴禁買賣雙方都進行賒欠的債務對債務的交易，因為這樣很容易導致買空賣空。

為了保證正常交易，教法特別規定了正常合法交易和非法

交易的界線。正常合法交易應該是，買賣雙方各自表態願買願賣，或雙方共同簽定協議合同；投入交易的物品合法純潔、確是無疑，簽定合同的要旨有貨源保證，明碼標價，物品質量和數量都是明確的，不帶有欺騙性和非法牟利的行為；交易雙方都是各自財產物資的占有者，或是被全權委託的代理人。非法交易則與此正相反，其特點是非法牟取暴利，交易具有欺騙訛詐性，交易所投入商品本來就是違禁物品：如教法禁止的酒類、死物、豬、偶像製品、毒品等。

它要求人們做平等的交易。在商業活動中，有些人為了牟利，常用的手段是稱量不公。為此，義就是「當用充足的斗和公平的秤。」（6：152）「你們當使用充足的斗和公平的秤，不要剋扣別人所應得的貨物。」具體要求是：必須使用標準的度量衡，不能在「秤桿上作文章。」《古蘭經》中堅決反對那種用不標準的秤量工具來哄騙對方的作法，認為使用標準度量衡及稱量公平是賣方應盡的義務。這種義務是真主對賣方所要求的：要求秤量公平，以獲得自己應該得到的份額也是買方的權利。如果賣方短斤少兩，擅自剋扣，以致使秤量不公，這無疑是侵犯了買方的權利，霸占別人應得的財產。這顯然是一種惡行。對此，在復活那日的末日審判中，真主將嚴懲不貸。

它要求人們誠實經商。交易物必須貨真價實，商品合法純淨，不摻假。不要對所經營的商品做不切實際的誇張，否則便是謊言。教法認為這是做偽誓，為大罪之一。如物品本身有缺陷，無論是隱匿的，還是顯著的，都要如實反映，不應有絲毫隱瞞。儘管習慣上對經商者允許有些誇大成分，但從根本上要求還應真實為宜，誇大要有一定的節制。《古蘭經》中有許多

地方反對人們在商業活動中以假亂真、以次充好的摻假行為。無論對方是窮人還是富人，無論是教胞還是異教徒，都應一視同仁：尤其不能剋扣貧民和孤兒應得到的財物。在與外教的人進行商事活動的時候，不能因為對方是外教人而交易不公平。

誠實交易是一種善行，是在做善事，並且這種善事在真主那裡將得到優厚的回報：「當你們賣糧的時候，應當量足分量，你們應當使用公平的秤稱貨物。這是善事，是結局最優的。」（17：35）「不因自己得利而損害他人。」「不因牟取暴利而造成他人的痛苦。」「若做糧商，不要只圖賺錢。否則會名聲掃地，受人咒罵。」「不欺騙顧客，表現了一個人的情操。」在寫於一〇八二年的那本《卡布斯教誨錄》中，已有了這樣精彩的小語。

它反對在買賣活動和借貸活動中的高利盤剝。真主准允經商，但並不意味著真主准許他的信徒去高利盤剝。因為在商事活動中的高利盤剝，意味著在獲得了本人應得的勞動報酬之後，又有很大一部分剩餘，這絕不是自己所應得的，而是屬於別人的財產。因此，在阿拉伯穆斯林看來，謀取高額利潤，無疑同買賣中的其他不公平一樣，是侵占別人的財物。所以，這等人也是最不義的。與暴利類似的還有借貸活動中的高利盤剝。《古蘭經》中曾嚴厲譴責那些「吃重利的人」。所謂吃重利，就是在借貸活動中吃重複加倍的利息。「真主准許買賣，而禁止重利。」（2：275）因為吃重利同樣是侵吞別人的財產。那些吃重利的人，如果真的悔罪，就應放棄餘欠的重利，只收回資本，這樣才不至於虧枉別人，也不致受虧枉，在經濟上誰也沒有損失，雙方誰也沒有侵占別人的財物。當然，如果把債務施捨給別人，那是一種更大的善行和義舉了。這些人將

來一定會在真主那裡得到更豐厚的報酬。

　　總而言之，在阿拉伯穆斯林那裡，謀財而不忘義，義的具體性和可操作性使義與利的平衡找到了「秤星（刻度）」。運用正當手段經商謀財，使人既能得到財富，又能心安理得，從而獲得資財和道德心理上的雙重平衡。

　　本世紀世界著名的，以經銷汽車為業的阿拉伯富商庫塔巴（Kutayba）在六十年代後期調整他的公司之後，將其在世界各地的代理商從二百人減少到不足一百人。為了公平地處理好這件事情，他在許多場合下建議以別的名稱繼續與一些原先的代理商保持業務往來，同時負責地把那些裁減下來的代理商向別的公司推薦，因此沒有招罵結怨，反而出現了被裁減者紛紛向公司致謝的局面。庫塔巴的作法正是再地道不過的穆斯林商人的作法。

　　謀財要「立據」。這是阿拉伯人謀財經商的基本方式。阿拉伯人的一個基本商業觀念，即一切交易都要立據。顯然，「立據」使誠實和公平交易獲得了不同於內心自律的、有力的外在監督。

　　《古蘭經》中說：「信道的人們啊！你們彼此之間成立定期借貸時，應當寫一張借券，請一個會寫字的人秉公代寫。代書人不得拒絕，當遵照真主所教他的方法而書寫，由債務者口授。」「如果債務者是愚蠢的，或老弱的，或不能親自口授的，那麼叫他的監護人秉公地替他口授。」「當從你們的男人中邀請兩個人作證；如果沒有兩個男人，那麼，從你們所認可的證人中請一個男人和兩個女人作證。這個女人遺忘的時候，那個女人可以提醒她。證人被邀請的時候，不得拒絕。無論債額多寡，不可厭煩，都要寫在債券上，並寫明償還的日期。在真主看來，這是最公平的，最易作證的，最可社疑的。」「你

們成立商業契約時，宜請證人。對代書者和作證者不得加以妨害，否則，就是你們犯罪。」（2：282）

在此，詳盡的指點和恩威並重的叮嚀勝似慈父對兒孫，阿拉伯人信仰和務實交融的智慧特色被深入形象地展現出來。凡事立據成為阿拉伯人的一項通則。它的功用即是《古蘭經》中所指出的：「這是最公平的，最易作證的，最可袪疑的。」從「謀財而不忘義」的道德原則到「謀財立據」的行為方式，也許可以表明阿拉伯人經商謀財智慧的技巧。

前者，作為一種道德命令，是要通過人們內心的自律來實現的；而後者，作為一道行為命令和操作規則，是給了人們一種外在他律的力量；兩者都建立在對真主的敬畏和順從的基礎上。這種裡外結合、雙管齊下，將自律與他律、自動與他動連成一體的謀略，對於促進正常合理的經商活動，無疑起到了積極的作用。這是一種虛實結合、軟硬兼顧的生存智慧。沒有道德的自律，行為命令便失去了倫理根基，何為善，何為惡，便會變得混淆不清；而沒有作為行動程序的他律原則，道德命令因沒有落到實處的監督而流於形式。也許只有這種「軟硬兼施」，才可能在「謀財經商而不為恥」的心態基礎上，使義、利達到真正的平衡。

在義、利平衡之中，阿拉伯人並不忽視積累實際的謀財經驗；麥加古萊氏的民諺，幾乎都與商業有關。在阿拉伯世界的民諺中，這類民間智慧令人目不暇接。諸如：「麻雀在手勝於孔雀在林。」——注重實際到手的利益，是阿拉伯人謀財的基本策略思想。這也反映在謀財方式上。當時，阿拉伯人經商貿易只有兩條通道，或走陸路，或走海路。對陸路和海路運輸，他們往往主張「寧肯走陸路，哪怕只盈利百分之五。卻不要走海路，哪怕能獲得百分之一百一十。」因為「走海路，得利剛

過腳面，可危險達到脖頸。在陸地上，即使遇到風險，財產盡失，但生命卻可保全。」

「會討價，就會做一半生意。」──阿拉伯人將討價還價作為達到交易雙方利益平衡的道路。「從起售到成交，也不要厭煩討價還價。」是阿拉伯人的經商要訣。

「對字據不要掉以輕心。」──「在拿到現金之前，不將收據交出。」這是阿拉伯人的經商規則。

「富於經驗的魔鬼勝過毫無經驗的好人。」──經商謀財隨時都會遇到風險，「不把需要豐富經驗的人擔當的工作交給毫無經驗的人，不給未經世面的人以重任。」以及「不讓遊手好閒的人參加你的買賣，他們會以言語換取你們的財力。」這些都是經商的用人要則。

在義、利平衡之中謀財，同樣在義、利平衡之中守財和理財。像世界上其他民族一樣，阿拉伯人反對浪費，主張節儉。但阿拉伯人不單以經濟眼光批評浪費，更從倫理眼光譴責浪費，把浪費看作是人之大敵，指斥浪費為惡行和罪，對浪費深惡痛絕。

浪費之所以是一種罪惡，阿拉伯人認為，因為浪費不僅指大手大腳地濫花錢，它將在飲食、談話、辦事以至一切方面都會表現出來；它會使人身體虛弱、精神萎靡、才智減退、生命縮短。

浪費何以能導致如此嚴重的後果呢？阿拉伯人用燈和燈油的比喻來啟發人的心智：人的生命之燈要靠燃燈之油──人的資財來點燃。燈之所以能有光亮，在於有油。假如把燈碗中的油無故倒掉，使燈芯吸不到油，那麼燈必定很快熄滅。可以說：節省用油，則燈長明；隨便浪費，則燈熄光滅。所以問題

不僅在於是否有油，還在於是否調節適當，或者浪費無度。這正是燈的明滅之關鍵。浪費之所以是一種惡行和罪，就在於它是無故倒掉燈中的油，也就等於在泯滅生命的能源而扼殺生命。正由於此，真主才把浪費視為大敵。這個比喻明白告訴人們，浪費不僅是利的流失，也是義的喪失。

浪費必然會產生危害。所以阿拉伯人說：「貧寒但善於謀劃者，勝於富足卻濫加揮霍者。」在此，節儉者勝於浪費者，不僅是物質財富上的優勝，也是一種精神和心態上的優勝。

本傑明‧富蘭克林在談及浪費時曾這樣說道：「每天隨便花掉四便士的人，一年便要亂花掉六鎊多，這就失去了一百鎊的信用。每天浪費價值四便士時間的人，日復一日，等於每天浪費掉使用一百鎊的特權。無所事事地失去了價值五先令的人，就是丟掉了五先令，也不妨說是故意把五先令扔進了海裡。失去了五先令的人，絕不止於失去這麼點錢，而是丟掉了用它做交易可能帶來的一切利益。到一個年輕人成了老人的時候，這會累積成數額相當可觀的金錢。」❷

阿拉伯人對浪費的認識，與本傑明‧富蘭克林有異曲同工之妙：兩者都不局限於算「小錢」，都著眼於算「大錢」。

浪費作為一種精神的損失，其利害是難以估量的。這裡所宣揚的絕不單純是一種謀財理財的手段，而是一種獨特的倫理。違背了這個倫理的規則不僅被人認為是愚蠢，而且被看作是罪惡。這才是事情的本質。它不單是那種隨處可見的商業上的精明，而是一種精神氣質。阿拉伯世界在商業上的巨大成就，與這種倫理原則的養育是分不開的。

與作為一種惡行的浪費相對立，勤儉是作為一種善行與美

---

❷ 轉引自馬克斯‧韋伯：《新教倫理和資本主義精神》。

德被加以肯定與褒揚的。勤奮勞動則是勤儉的重要內容，也是一種極高的善功。

相傳，一夥艾什阿里派人外出旅行，來到一個地方。他們說：「穆聖啊！繼你之後，我們還沒見過比某人更好的人。他白天齋戒，夜間禮拜。」穆聖問道：「他的衣食是從哪裡來的？」答曰：「我們供給他的。」穆聖說：「在真主面前，你們比他好。」阿拉伯民間有諺語說：「舒適的生活來自艱苦的勞動。今天的安閑逸樂，帶給明天的是痛苦煩擾：今天勤奮勞累，明天則會歡樂幸福。」又說：「懶惰為羞恥，懶惰的結果是棄財。」

在阿拉伯人那裡，勤儉與吝嗇是被清楚地區別開來的。阿拉伯人信仰與務實交融的思維特色，在生活中的每一個細節中

·穆斯林市集

都被映現出來。談與浪費對立的勤儉時，阿拉伯人也不贊成人們當「守財奴」或「苦行僧」，而是叫人們「不必故意含辛茹苦，甚至不去滿足生活之必需。該購置的應去購置，該享受的應去享受。餓其飢膚，故作貧寒，亦是錯誤。因為財富再寶貴，也不能同生命相比。」所以，勤儉作為善行和美德，在阿拉伯文化中，是以極自然、極務實的方式被表現出來，既不是「要錢不要命」，也不像巴爾扎克的「高老頭」式，而是極富人情味。這也是與伊斯蘭教反對禁慾主義分不開的。

在義與利的平衡中，阿拉伯人積累了豐富多彩的理財經驗。埃及歷史學家艾哈邁德‧愛敏在談及阿拉伯人思維方法的特點時曾指出：「阿拉伯人，無論在蒙昧時代，或是在伊斯蘭時代，他們的思想並不長於作整體內的、全面的研究和觀察，他們的觀察只局限於周圍的事物：眼見一物，心有所感，便作為詩歌，或發為格言，或編為諺語。」這也就構成了阿拉伯人理財格言或諺語的細瑣、具體與實用。

關於經商謀財的重要和崇高，有格言說：「只有具有遠大的志向、敢於冒險的人才能做到三件事：君王的工作、海上貿易、與敵人的廝殺。」──經商貿易是與做帝王、做勇士相提並論的。

關於消費與金錢流通的必要與合理，有格言說；「不能使用的貨幣是陋幣。」「如果意見不被採納，武器不被使用，金錢不被花費，那還有什麼用？」迪納爾像一把烙鐵，它能烙出讚美和責難。誰積攢它，誰就成了他的奴隸；誰花掉它，它就為誰所有。」──在阿拉伯人眼中，消費是自然而然、天經地義的事。

關於合理花錢，有格言說：「對於由勞動所得的收入，要有計畫地開支。」──每收入一個達拉姆，可以拿出兩個旦戈

來，作為自己和家庭的基本生活費用。然後再拿出兩個旦戈來，作為日常的零用開支。最後還要剩下兩個旦戈，把它儲存起來，以便應付急需，消災弭禍；也可以作為年邁體衰時的花銷，或者作為遺產，留給後代。

關於量入為出，有格言說：「花錢多少，要根據收入的多寡。」──「假設收入是一個達拉姆，開支為一個達拉姆和一個合別，家裡便會愈來愈窮，並且可能會背上債務。反之，只要在收入的每一個達拉姆中少花一個合別，那麼家裡就會有所積蓄，生活就會日益興旺，而絕無破敗的可能。」

關於家庭財政，有格言說：「家裡的財政部不要分散，即使再大的商人，也要擔起管家的責任。」──「對全年的生活必需品，盡可能一次購齊。不論什麼用品，事先存下一定的數量，應比實際所需多一倍。要隨時掌握市場牌價，當價格上漲，可以賣出一半，把生活必需品大批買進，全年都可不再為此擔憂。」顯然，這是適應以農、牧為主的生活方式。

關於收支均衡，有格言說：「開支後要盡快補足。」──「稍一富足，便揮金如土，不足為取。不得不開支時再開支。但開支後要盡快補足。假如只消耗而不補足，即使是百萬富翁，也終會竭盡，靠辛苦勞累好不容易才掙得的錢財，不要坐吃山空。」

關於人際財務關係，有格言說：「若要同人們關係協調，須做到財產分明。」「富有不貪為強者。」──「對自己的任何財產可以隨心使用，但不要貪婪他人的東西。」「既不要像乞丐那樣期待施捨，也不要妒忌他人。」又說：「不要同摯友進行交易──假若欲做交易，就必須準備把好處都讓給他。否則友情就會遭到破壞。許多摯友就因分利不均或微小虧損而使關係破裂。」還說：「不要輕易借款給人，尤其是朋

友。」——因為索還時往往傷面子。假如借出去了，就不要再把這些錢看作是自己的財產，可看作是白給朋友的，他不必償還。索債會使友誼破壞，變友為敵。

關於生活的水平，有句格言說；「知足者不會感到痛苦。」——「不管財物是多還是少，都應知足。每日所需求的只能是應當屬於你自己的那一部分。」

…………

如此種種，集合著阿拉伯世界有關守財、理財的實用智慧。在阿拉伯人的觀念中，「不聚財、守財，不積善留德，也不誠實可信——這是流民的品性。」所以，這些格言和警句，對於一個地道的阿拉伯人來說，它不僅是有關經濟行為的「行為規則」，而且也是有關道德品行、進而是個人行善積善的大事，與每個交易者的個人命運聯繫在一起。義利的平衡構成了阿拉伯世界謀財、理財智慧的本質特徵。

勇者創造機遇

在世界商界，阿拉伯商人是一支引人注目的勁旅。單從現在國際通用的海上用語，諸如average（海損），cable（海底電纜），tariff（關稅），corvette（海防艦），shallop（單桅帆船）等詞彙最初都發源於阿拉伯語這一點看，就足以令人感覺到阿拉伯人在海上貿易中享有過的榮光了。

阿拉伯半島的地理位置使經商成為阿拉伯人的天然職業。北方阿拉伯人主要從事陸路運輸，而南方阿拉伯人早就涉足海上貿易了。到了阿拔斯王朝時代，巴格達、巴士拉、西拉夫、開羅、亞歷山大港等口岸都已發展成活躍的海上貿易和水上貿

易中心了。那時，巴士拉的商人，船運貨物到世界的其他地方，有些人每年的平均收入超過百萬第納爾。西拉夫的普通商人，每戶的資本超過一萬第納爾；有些超過三萬第納爾。那些從事海上貿易的商人，多的竟達四百萬第納爾。一些人甚至把「畢生的時間消磨在海上」。

阿拉伯商人能說會道，精於計算但又重視契約、合同，不短斤缺兩，這在商業交往中已很有名。阿拉伯商人的經營之道中，堪稱「技壓群芳」的一絕也許首推創造機遇的智慧。

機遇是商業活動中決定成敗不可少的要素。商人是一種中介人，商業活動發生於商品生產的中間環節，本身就是一種中介活動：賣主（生產者）是上家，買主（消費者）是下家，商人就在其中起到穿針引線的作用，把上家生產的具有使用價值的商品出售給下家，自己賺取商業利潤；實際上也是一種付出勞務後的佣金。同樣的貨物，也許會因為到手和脫手的時機不同而增加或損失利潤；「物不遇時」或「奇貨可居」，都是機遇的作用使然。

商業經營並非就是機遇經營。在傳統中國商人的智謀中，所謂「機遇是看出來的」、「機遇是一次性的」、「機遇是等來的」、「機遇是碰上的」，都是在經商理財中對機遇的洞見。阿拉伯商人為這一智慧庫所增加的最富東方神秘色彩的格言是：機遇是創造出來的。勇者創造機遇，是成功的阿拉伯商人的信念。

阿拉伯商人之勇，在古代就有傳統，因為最初的商人都是從遊牧人中分化出來的。在阿拉伯半島沙漠遍地、水源缺乏、交通不便的自然條件下，唯勇者才能為自己開闢出從商之路，抓住經商的機遇。不談商道上的其他艱難險阻，僅以飲水來講，有時就十分艱難。當時的阿拉伯商人，差不多人人都喝過

駝胃裡的水。在危急的時候，他們就宰一隻老駝，或者把一條棍子插入某隻駝的喉嚨裡，使它把胃裡的水吐出來。倘若駱駝喝水後不過一、二天，它胃裡的水是勉強可以做飲料的。這樣非人的生活條件，非勇者不能承受。所以，對當時的遊牧人來講，只有那些除了勇敢，還能吃苦耐勞、富有智慧的人，才能走進商人的行列。

阿拉伯商人的這一歷史起源，為歷代阿拉伯商人所繼承。不過，在現代，人們已明白創造機遇更多的不是靠武力和勇猛，而是憑藉在知識背景下的洞察力和決斷力。所謂「勇」，已不再是個人的「匹夫之勇」，而是判斷之勇、決策之勇、去虛務實之勇、去偽存真之勇，以及敢冒風險之勇。

庫特依巴是科威特現今最大的商人之一，擁有私人噴射座機，在海濱最昂貴的地段擁有別墅，他的鄰居全是海灣國家的達官顯貴或富豪。但追溯他的成功史，就是一部追蹤機遇、創造機遇的歷史。他的祖父是海灣一位單桅三角帆船的船主，靠在沿海小本買賣為生。他成人之後，開始是繼承祖業，但一次偶然的海難，小帆船沉沒，使他不得不改行做煤油銷售的代理商。但他從未放棄尋找新的機會以圖發展的努力。後來，他獲得了一個為來科威特工作的地質學家和調查人員安排交通與食宿的工作，這項工作使他參與了採礦的業務。

當時石油公司為了建波斯油田，需要大量的礫石製造混凝土，而當地的礫石含鹽太高，不符合標準。公司雇用了一些伊拉克建築者，企圖從科威特提供礫石，但很快因運輸問題而失敗了。當庫特依巴了解此事之後，他意識到機遇來了。但是那時他沒有錢。於是，他跑到巴士拉，去見了三位有很好家庭背景的猶太人，他們同意從銀行借錢給他。獲得了這個允諾後，

庫特依巴就向石油公司投標此項工程，結果擊敗了其他競爭者而得標。之後，他用那筆錢買了駁船和拖船，其中有一些是第一次世界大戰後英國軍隊遺留下來的，同時還租了兩百隻單桅三角的小帆船。在這樣的裝備下，開始了在科威特和阿巴丹之間的運輸礫石的業務。在三〇年代前期，每月已可運二萬或者二萬五千噸。那時，還沒有機械挖掘系統，他就雇用了六千名工人人工挖掘，用人扛肩挑，把礫石弄上船去。到一九四〇年第二次世界大戰前夕，他已擁有了十五條駁船和三條拖船。

這次主動創造的機遇使庫特依巴擁有了一定的實力，所以，當礫石運輸接近尾聲時，他就開始向另一種類型的業務進軍了。他開始擔任英國航空公司和赫德森轎車的代理人。這使他獲得很大的利益。在第二次世界大戰期間，轎車業務陷入困境，他馬上不失時宜地轉入出租他的單桅帆船，從事食物進口業務。二戰結束後，庫特依巴成為通用汽車公司的代理人。他熟悉汽車業務的每一個方面。每年，他都去國外參觀主要的汽車展覽會，結果跑遍世界之後，他發現人們關心的不是汽車的外觀式樣，而是汽車的內在設備，他又發展起這方面的業務。當時，在科威特的許多商人都把錢用於買股票或走私黃金到印度等地，他們勸庫特依巴也用這樣的方法積聚錢財，但庫特依巴不為所動，在這方面，具有驚人的自信。結果，終於為自己創造了新的機遇。

本世紀五〇年代到六〇年代，科威特成為世界石油產地，石油帶來的巨大財富使科威特人對轎車的需求急增，他們成了最大的買主。這一下子使庫特依巴自四〇年代以來用巨大勇氣堅持的實踐獲得了驚人的發展。到六〇年代，當他把產業移交給他的兒子們時，他已是科威特最大的商人了。此後，他就主要居住在美國，從事國外的投資了。

他從白手起家搞礫石運輸，到從事汽車銷售業，在他成功史上兩次最重要的輝煌，都是他主動尋找機遇、創造機遇，又利用機遇而實現的。「對一個擁有一切的男人來說，最重要的是思考下一個命運的禮物是什麼。」這是他的名言。

馬基維利在談到命運的時候，他的名著《君王論》中有這樣一段話：「我確實認為是這樣：迅猛勝於小心謹慎，因為命運之神是一個女子，你想要壓倒她，就必須打她，衝擊她。人們可以看到，她寧願讓那樣行動的人們去征服她，勝過那些冷冰冰進行工作的人們。因此，正如女子一樣，命運常常是青年人的朋友，因為他們在小心謹慎方面較差，但比較凶猛，而且能夠更加大膽地制服她。」[3]機遇和命運在一定程度上是同義的。商場如戰場一般。在商業經營之中，庫特依巴式的態度，將創造機遇作為一個日積月累創造條件的過程。「機遇只給準備著的頭腦。」時機成熟，則瓜熟蒂落。而另一位阿拉伯大商人，他的作為，則更像馬基維利筆下的年輕人。

哈吉·艾哈邁德是個糧食進口商。在商務活動中，他的科威特同行稱他有一種認準機遇並且能變沒有指望的形勢為自己之優勢的奇特本領。一次，他欲向巴基斯坦進口糧食，而巴基斯坦稻米協會是通過一個叫密瓦尼牽頭的十二名卡拉奇商人來從事這項出口交易的。密瓦尼此人平時已因不守信用而被人暗中稱為「不可信任者」。在這次商務談判中，他又提出了苛刻的條件，致使談判破裂。在這樣的形勢下，哈吉·艾哈德不僅不氣餒，反而看出是擺脫密瓦尼而直接向巴基斯坦政府購買的

---

[3]　轉引自馬克斯·韋伯：《新教倫理和資本主義精神》。

極好時機。於是，他一面向密瓦尼發出要求改善出售條件的信號，一面就直接飛到巴基斯坦，與巴國政府接洽，一次就購買了四萬噸稻米，並用信用狀一次付清款項。所購來的這種稻米雖然十分乾燥，並有清香，但卻不易做好飯。如何使這些稻米被阿拉伯人所認識呢？哈吉決定給它起一個豁亮的名字以引起大眾注意，他稱之為：「白沙瓦」稻米（白沙瓦是巴基斯坦的一個城市）。然後他在電視、電台及報刊大作廣告，並稱其本人是這種稻米的唯一進口商。結果，白沙瓦銷售得極好，很快成為科威特最暢銷、最流行的稻米品種。

被成功所鼓舞，第二年，哈吉‧艾哈德通過投標，包銷了巴基斯坦所有的出口稻米，計劃要達到九萬噸。這使開始從中作梗的卡拉奇商人密瓦尼惱羞成怒，隨即起訴於法庭，告哈吉‧艾哈德違約。但法庭經過調查後，密瓦尼還是敗訴了。從此，哈吉‧艾哈德成了巴基斯坦出口稻米的壟斷者，哈吉本人也獲得了一個「善變災難為凱旋」的美譽。

哈吉從破裂的談判中，看準了一種新的可能，斷然採取迅雷不及掩耳的果斷措施，將可能轉變為現實，為自己創造了一次新的機遇。

在阿拉伯世界成功之商人的經驗中，「勇者創造機遇」，包含的內容極為豐富。它既表現在商戰第一線，也同樣反映在商務經營活動的後方，甚至還體現在對要繼承產業的家族年輕一代的教育之中。

阿里雷沙家族是沙烏地阿拉伯的豪富家族之一。二十世紀二〇～三〇年代，在吉達港市，只有他們家的印度雇員懂得英文，能聽會寫。所以，那時該市的其他商人只要來了英文電報，都會找阿里雷沙家幫忙翻譯。對於這種情況，阿里雷沙的

兩位主人，沙烏地阿拉伯的大商人阿布杜拉和尤素福從來沒有向雇員打聽過電文的內容，同時，還頒布了一條規矩，任何將電報內容透露給第三者的雇員，都將被解雇。結果，該家族的誠實被傳為美談，成為重要的商業信譽，而這種信譽又為他們帶來了新的機會。

在阿里雷沙家族內，兒童很早就要接受關於獲得成功的最基本原則方面的教育，包括接受家族的價值觀念，如誠實、寬容、工作努力、守紀律、好的風度以及好的教育；其中誠實是被十分強調的，因為在商務活動中贏得信任，是成功的商人必具的條件。平時，孩子們都生活在這個大家庭中，年輕一代每天都可與他們的父親們，叔叔、伯伯們，祖父母們以及祖父輩的叔叔、伯伯們接觸，可以整天接受他們的指導並學習他們的榜樣。每天晚上，當家中的長輩出現時，所有成人和青少年中稍大的孩子都集中在大餐廳中用餐。

給年輕一代盡可能好的教育，是這個家庭的一條重要原則。有時候，客人來訪，主人會請客人不要在意他將叫幾個孩子來站在一旁或坐在那裡，以便他們能夠旁聽，並且學習他的講話。所有家庭的成年人都相信要在家中仔細地指導孩子，然後開展早期的國外教育，並讓他們到國外旅行以擴大眼界和心胸，學習英語，熟悉英、美人的行事方式。所有這一切，都是為孩子們的將來創造機遇。如果成功了，將維持家族的繁榮；一旦失敗，就要求他們等待和注視著時機的再一次來臨。

阿里雷沙家族不僅把這些努力看作是為孩子們的將來，更理解為為家族未來的命運創造機會。「堅持與時代一起前進」，是這個家族的座右銘。

幾乎所有的阿拉伯大商人家族都像阿里雷沙家族那樣，從自身的成功中懂得機遇與一個商人自身素質、知識結構之間的

內在關係。他們從《古蘭經》中關於善有善報的教義引申出另一條決定他們賈道前途的規則，就是：「有知識發財是必然的，無知識發財是偶然的。」

大商人庫特依巴在談起他在汽車戰中獲得大發展的往事時說道：「他們（指其他商人）對轎車完全無知，甚至不知道一個螺帽與螺栓之間的區別。而擺弄機械是我的癖好。早在一九三〇年，我就拆下一輛轎車的引擎安裝到我的單桅帆船上。所以，當美國汽車公司來到科威特，當國王決定找一位懂行的商人做代理時，我顯然成為一種選擇。」所以他認為在那個特定的歷史時期，命運之所以給了他比其他商人更多的恩惠，就是因為他對機械行當、對閱讀和旅行具有超乎一般人的熱情。

現在，他的第三個兒子完全接管了他的汽車產業，三兒子具有和他一樣的熱情，但與他具有不同的文化教育背景。兒子畢業於英國牛津大學，並在美國待了好幾年，已完全接受了現代的商務管理理論，一接管公司，就著手進行全面的管理改革，經營項目也從轎車擴展到商用汽車、電子產品以及家用電器，結果公司有了更多發財的機遇，到本世紀八〇年代，他已是科威特極為成功的大商人了。如果說在庫特依巴一代創造機遇還更多地意味著優化自身條件，改善經商環境的活動，那麼在他的兒子一代，則更多地意味著審時度勢，主動捕捉的含義了。到八〇年代中期，這個公司的年產值已達卅五～四十億第納爾，成為科威特最大的企業。

「命運是什麼？命運就是捕捉一匹向你飛奔而來的馬，開始一次新的馳騁。」這就是小庫特依巴——新一代阿拉伯商人對「勇者創造機遇」的理解。

Chapter 7
執政掌權的智慧

寧遠勿近，方為良緣

在伊斯蘭的歷史上，奧斯曼帝國強大的軍事力量曾稱雄世界達四世紀之久。這支力量的核心是「近衛軍團」。該軍團曾以忠誠、能幹及勇敢善戰而令其敵人聞風喪膽。但這支帝國精銳部隊的將士卻並非出自奧圖曼族，而全來自一批經過嚴格訓練的奴隸。他們便是「奴官制」的產物。

所謂「奴官制」，是指這樣一種人才選拔制度：即通過「人貢制」，帝國從歐洲征服地的優秀少年中挑選出一批人，作為進貢給蘇丹的「戰利品」。這些作為奴隸的少年年齡都在十～十五歲上下，來到帝國本土後都被安排在亞德里安諾堡、伊斯坦堡的新舊皇宮等四個侍從少年院中撫養成人。他們受到嚴格的訓練與第一流的教育，經過長期的系統培養之後，各就其個人的才能、氣質分配職位。在帝國擴張的過程中，這些出生於外鄉、被切斷親緣社會關係，而成長於蘇丹宮學的「奴隸」就變成蘇丹的侍衛、總管、各級中央和地方的政府官員，

還包括位置相當於首相的「大總管」，以及各級軍隊的將士。事實上，帝國的大多數首相都是從這個學校訓練出來的，整個蘇丹政府基本上就是由擇優選拔的「奴隸」構成。

於是，伊斯蘭文化構築了民間社會，而「奴官制」提供了國家機器。當時，「奴官制」中外族少年奴隸的遠大前程甚至引起土耳其人的羨慕，他們曾不時地設法把自己的兒子偷偷混入那些少年中。到十七世紀末，這種迫使親情分離的徵集少年的活動才逐漸廢止，「奴官制」也就逐漸名存實亡了。但是，這一舉世無雙，從奴隸中選拔國家中、高級官員的做法，給奧斯曼帝國的歷史留下了深深的影響。

對於帝國的統治者來講，這種作法的優越性是顯而易見的。且不說這些經過挑選的歐洲少年在生理與智能方面的優勢，僅就他們都受到良好的伊斯蘭教育以及沒有親緣裙帶關係這兩點而言，已使他們優於從本國選拔的官員。這些人在精神上，是帶有使命感的「信仰的聖戰者」；在宗教上，他們皈依了伊斯蘭教，認同伊斯蘭的理想；在身分上，他們是蘇丹精心培訓、優渥豢養的衛兵。這個組合的性質使他們同時受社會、宗教和國家三方面的影響，由此造成了他們與眾不同的忠誠與勇敢。

「寧遠勿近，方為良緣。」沒有親緣裙帶關係，不受狹隘部落與宗教觀念影響，使這些人在自己的職位上，能以較常人超脫的眼光看待人和事，能無所顧忌地執行最高統治者、封建國家的頭領蘇丹的政令，使封建官僚統治常有的「中層梗阻」現象相對減少。所以，在實行「奴官制」的最初幾百年裡，它的確對鞏固奧斯曼帝國起到有效的作用。儘管在日後的滄桑變化中，它逐漸蛻變、失真，「近衛軍團」因居功自傲而阻擋帝國進一步改革的步伐，最後終於在「吉祥事變」中，被蘇丹本

人收拾得乾乾淨淨，但「奴官制」作為一種大規模從被征服民族的「奴隸」中選拔人才擔任政府官員和軍隊將領的作法，在歷史上也是惹人注目的。

並不是任何文化都能容納「奴官制」，都能產生「奴官制」，是阿拉伯——伊斯蘭文化特有的氣質與執政掌權的智謀催發了它。

巧用、善用被征服民族的智慧是阿拉伯歷代執政者的一條基本掌權謀略。源於沙漠遊牧民族的阿拉伯人，當他們隨著伊斯蘭教聖戰的勝利而征服了肥沃的中東新月地區、波斯與埃及之後，阿拉伯人不僅是占有了一些地理上的區域，而且是占有了全世界最古老的文明發源地。但無論在藝術、建築術、哲學、醫學、科學、文學、政體等方面，原來的阿拉伯人都沒有多少可以教給別人的，他們更多地是跟別人學習。無論在大馬士革、耶路撒冷、亞力山大港還是泰西封、埃德薩等城市裡，阿拉伯人被那些建築家、工藝家、寶石匠和機械製造者的作品所驚呆、所折服。它再一次証實了先知的話：「阿拉伯人勝過外族的只有虔誠的信仰。」❶以後或許是羨慕，或許是為了自身的享用，阿拉伯的哈里發乃至一般的阿拉伯穆斯林開始了消化、採用和複製這些被征服民族的文化遺產。

這個過程，部分是因當初阿拉伯人文化水平低下所局限，它一開始就是以「智力引進」的形式出現的：當倭馬亞王朝以武力建立了一個強大的阿拉伯帝國之後，他們從帝國各方招聘大批藝術家和建築師，給以優厚的待遇，對當時的都城大馬士革從事復興和重建。從荒涼的帳幕中走出來的阿拉伯人，決心

---

❶ 〔埃及〕艾哈邁德·愛敏：《阿拉伯——伊斯蘭文化史》（第二冊）。

利用「引進的智力」，建築一些如同巍峨的基督教堂和宮殿那樣引人注目的皇宮、清真寺和軍營，以表示伊斯蘭教和阿拉伯帝國的形象和氣魄。

當時，阿拉伯人拜引進的敘利亞人、科普特人和波斯人的藝術家為師，在建築上開創了一代新姿。以後這種智力的引用很快從「硬件」發展到「軟件」，倭馬亞王朝各部門的組織多方仿效拜占庭，大馬士革的皇宮管理、警察局、近衛軍的設置等等也儼如君士坦丁城的規模。不顧當時國內一部分人的公然反對，王朝甚至任命了幾位被征服地區的釋奴擔任公職，理由是他們比一般阿拉伯人有才華。比如任用了肯德的釋奴萊賈‧本‧海依沃，還任命釋奴歐默爾‧本‧阿布杜‧阿齊茲為古拉山谷的長官。到了阿拔斯王朝時期，哈里發曼蘇爾更是氣度恢宏，他從敘利亞、埃及、伊朗、摩蘇爾、庫法、巴士拉等地引進大批技術工人，每天出工五千人，花費一八〇〇萬第納爾（金幣），建成了世界名城巴格達。在曼蘇爾時代，這位阿拉伯的哈里發使任用釋奴成為一項基本原則；他甚至使他們的地位高於阿拉伯人。

由於按伊斯蘭阿拉伯人的規矩，對戰敗國的平民一般不降為奴隸，降為奴隸者僅限於參戰的官兵與他們的家屬，以及當地本來就是奴隸的人。所以，一般說來，許多釋奴都出身貴族，他們的文化都高於征服者。任用釋奴，除政治鬥爭的原因之外，一個無可否認的事實是需要「引進智力」與利用他們的文化知識，為鞏固帝國服務。在阿拔斯王朝的鼎盛時期，哈里發哈倫‧拉希德連宰相都委任非阿拉伯的智囊；他任用了善於施政，頗有文才的葉海亞為宰相，結果完全依據波斯薩珊王朝的統治經驗，迎來了「哈倫‧拉希德盛世」。後來，哈倫以超人的遠見，重視吸收波斯、印度、希臘、羅馬的古典文化精

華，為不久之後麥蒙時代的百年翻譯運動和文化發展創造了良好的條件。

「引進智力、人才」的國策對阿拉伯帝國各方面的發展貢獻顯著，這才為麥蒙時代在智慧宮中羅致各方文人學者，給以優厚待遇，由其自由探究各種學問，並用阿拉伯語重新整理與表達出來的宏偉事業提供了社會文化心理條件。十～十三世紀，阿拉伯——伊斯蘭文化之所以能迎來大放異彩的四百年，完全與這種巧用、善用、廣用外族人才的「智力引進」政策有關。

就歷史淵源而言，阿拉伯帝國哈里發們這種治國韜略，與伊斯蘭教主張人人平等，善有善報，惡有惡報，不管阿拉伯人還是釋奴都是一樣的基本教義一脈相承。伊斯蘭教興起時，號召打破狹隘的部落思想與宗族觀念，提倡人類平等。

《古蘭經》中說：「在阿拉面前，你們之中最尊貴的是你們之中最敬畏阿拉者。」❷聖訓中也說：「信士皆兄弟，他們的血統是相同的，他們之中最低的人可以主持他們的盟約；他們一致對外。」❸這些經典都強調了人們在信仰一致之基礎上的地位平等。尤其是穆罕默德在感人的辭朝演說中，有這樣一段話：「大眾啊！阿拉已消滅了蒙昧時代以祖先相誇耀的習氣。你們都是亞當的後裔；亞當是由泥土造成的；所以阿拉伯人並不比別人高貴。只有清廉有德者才算高貴。」又說：「凡為宗族而憤怒，為宣傳宗族，或為扶助宗族而參加迷惘者的戰

❷　〔埃及〕艾哈邁德・愛敏：《阿拉伯——伊斯蘭文化史》（第一冊）。
❸　〔埃及〕艾哈邁德・愛敏：《阿拉伯——伊斯蘭文化史》（第一冊）。

爭因而戰死者，則其死也，如死在蒙昧時代。」❹這可以說已接近了「人生而平等」的思想。

這些教誨作為精神條件，還推動了阿拉伯人與外族人（甚至釋奴）在肉體上的結合。阿拉伯人自古以來就相信遠緣結婚比近親結婚好。有首阿拉伯詩這樣寫道——

近親結婚體又弱，異族聯姻壯又強。
近親婚配愁不盡，生子瘦弱病久長。

伊斯蘭教誕生後，教義中關於「你們都是亞當後裔」的思想，使阿拉伯穆斯林與異族、乃至女釋奴的婚姻打開了方便之門，當然，這樣做必須有個前提，即這些女子必須首先皈依伊斯蘭教。在伊斯蘭帝國向外擴張中造成的多民族接觸以及勝利後實行的奴隸和釋奴制度，以及急欲在被征服地區增加人口的慾望，使一個個伊斯蘭家庭，特別是哈里發、王公貴族以及有錢人的家庭，都變成了不同民族的混合體。當時，一個最普通的阿拉伯穆斯林，通過戰爭，也能分到至少十個「奴隸」的戰利品，而主人與女奴的結合，被認為是理所當然。一般女奴一旦為主人生了孩子，孩子歸主人，女奴被稱為「孩子的媽媽」，已不准將她任意買賣。待主人死後，女奴便成為自由人。於是，「混血」現象，在當時極為普遍。如果考察一下那時代的文學家與學者的身世及他們祖先所屬的種族，就會發現他們之中許多人的父母都是混血兒，還會發現呼羅珊地區的混血兒，乃至所有非阿拉伯人居住地的混血兒，都以勇敢著稱。

---

❹ 〔埃及〕艾哈邁德・愛敏：《阿拉伯——伊斯蘭文化史》（第一冊）。

據著名的阿拉伯歷史文獻《珍奇的串珠》記載：「本來，麥地那城的大多數居民都憎惡女奴，但自從湧現出阿里·本·候賽因、卡塞姆·本·穆罕默德和薩利姆·本·阿布杜拉等人，在伊斯蘭法學和信仰的虔誠方面超過了麥地那人之後，麥地那人便開始蓄妾了。」這三人是波斯王朝的三位公主被俘為奴後，與阿拉伯當朝顯貴結合所生的後代。這種混血兒一直波及到王室。阿拔斯王朝的好幾任哈里發，其母親都是女奴出身。

多民族的帝國就像一個容器，各種物質在裡面溶化，發生了化學變化。這種血緣的融合不僅產生了在遺傳特徵上吸收父母優點的新一代混血兒，並且造成了心理上、精神上前所未有的阿拉伯人與異族人的融合。

阿拉伯人在這一點上，與以色列的猶太人極為不同。當查希茲在他的《書信集》中談到當時的基督教徒在外表和智力方面都勝過猶太人時，他說：「以色列人只好與以色列人通婚，外族人不能和他們摻和，再優秀的種族也不能改變他們的血統。」❺

血緣的混合所必然引起的精神融合，使得阿拉伯——伊斯蘭文化產生了創制與容納「奴官制」一類為富國強兵、鞏固政權而不惜工本，援引外部智力的治國之策。

自然，鬥爭還是有的。自倭馬亞王朝開始，阿拉伯人與釋奴等外來勢力的鬥爭一直沒有間斷過，一些帶有強烈阿拉伯情緒的貴族，乃至平民，仍看不起釋奴，稱阿拉伯人與女奴生的孩子為「雜種」。有些文人騷客也寫詩吟文譏諷釋奴，而釋奴也以他們昔日的光榮與發達的文明反唇相譏阿拉伯人。以致阿

---

❺　查希茲：《書信集》（第 1 卷）。

拉伯人用謀略對付釋奴，釋奴又以其人之道還治其人之身，其結果是哈里發不得不對大臣們嚴加懲治。當時有人這樣說：「聖裔宰相身皆死，異族仇人反為臣。」但是，各種正、負相反的力量抵消之後，「引進外智」仍是阿拉伯人執政掌權的基本謀略之一。

在政治這塊荊棘叢生的領域裡，為了避免在本民族宗族派系的內訌中引火燒身，「引進外智」、利用異族臣民組成行政管理力量或後宮近侍也是阿拉伯人的基本掌權智謀。在此，相信遠緣結婚的古制似乎已積澱成一種心理定勢。用阿拉伯人的諺語說，即是：「寧遠勿近，方為良緣。」

在阿拉伯的史學名著《先知與帝王歷史》中，塔巴里曾這樣寫道：當外國人騎著快馬，手持弓箭，在麥蒙面前馳騁時，「一個沙姆人多次晉見麥蒙，對他說：穆民的領袖啊！像對待呼羅珊的波斯人一樣對待沙姆的阿拉伯人吧！麥蒙說：沙姆兄弟，你的要求太過分了。只要我的國庫裡還有一個迪爾汗，我就不允許蓋斯人離開軍隊。至於葉門人，我不喜歡他們，他們也不喜歡我；至於古達阿族，其領袖都是蘇福揚的追隨者，無時無刻不盼著蘇福揚家族東山再起；還有勒比爾族，當真主從木達爾人中選出其先知時，他們就對真主心懷不滿了。……忘掉真主對你的所作所為吧！」❻麥蒙的這番話，道出了阿拉伯統治者之所以任用異族釋奴、僕役擔任公職，委以重任的本意──即基於一種迴避宗族派系內耗的政治智謀。

哈里發曼蘇爾曾有一名棕色皮膚的僕人，十分能幹。一天，曼蘇爾對他說：「你是什麼種族的人？」答曰：「阿拉伯

❻　塔巴里：《先知與帝王史》，第 10 卷。

人，穆民的領袖！」又問：「哪個部族的阿拉伯人？」答曰：「哈蘭族人。我在葉門被俘，被施以腐刑，從此為奴。曾服侍過倭馬亞人，後轉到宮中伺候您。」曼蘇爾說：「你真是個好孩子！但我宮中不允許阿拉伯人伺候內眷。走吧！真主原諒你，到您願意去的地方去吧！」❼

為何阿拉伯人的後宮反而不用阿拉伯人呢？其用意也與防奸有關。實際上，羅致賢才與防止奸才，在手法和途徑上甚為相同。在中國，韓非子所總結的奸臣為奸的八種手段之中：「同床」，即買通君王所寵幸的女人；「在旁」，即買通君王的近侍；「父兄」，即討好君王的家族成員——都與後宮有關。由此也可想見曼蘇爾不讓阿拉伯人服侍內眷的苦衷了。

自馬基維利開創了近代政治學之後，政治謀略便進入了科研殿堂。一般說來，「通過心靈感化使人為我所用。」「用人所長，擇能而使。」「利用身分地位之高下差別，巧妙利用他人的智慧為自己的智慧。」以及「屈尊下士，通過形式上降低自己的身分來抬高人才的身分以征服人才。」等用人之術，是歷代中外統治者所慣用的馭臣之道。阿拉伯的哈里發，從「引進外智」、重用釋奴到「奴官制」的推行，將上述諸點精妙地融為一體了。尤其對狹隘的部落思想和宗族觀念頑固的阿拉伯傳統社會，「寧遠勿近，方為良緣。」不僅是婚姻原則，更是政治智謀了。

---

❼ 同上，第 9 卷。

「伊制馬爾」和「格亞斯」的智慧

　　一九七八年十二月二十四日，《國際先驅論壇報》報導了一則消息：在一本名為《一百名最有影響的歷史人物的地位》的書中，伊斯蘭教的先知穆罕默德被排在牛頓、基督、佛陀和孔夫子、聖・保羅之前，名列榜首。

　　這消息引起一陣轟動。耶穌比穆罕默德早出世六百年，但評判者還是把後者列為對人的現世生活影響最大的人物。

　　顯然，自基督教接受了「凱撒的東西歸凱撒，上帝的東西歸上帝」的分掌原則之後，對於不承認「上帝——凱撒式二分法」的伊斯蘭教來說，它掌管的事物要比前者多了一半。它掌管著人們的現世和來世，被排在榜首，似在情理之中了。

　　但是，人們仍有疑惑。在變化無常的現世生活面前，伊斯蘭教靠著一部七世紀下半葉形成的「沙里亞」（伊斯蘭教教法），是否真能指導現代生活呢？當哈里發的職位被議會、王室、軍政府或政黨取代之後，在一個沒有世俗法律、法院、教會、神職人員的國度裡，人們又如何讓「沙里亞」去面對層出不窮的新情況、新問題呢？

　　其實，疑慮可以理解，但畢竟是多餘的。因為伊斯蘭世界獨有的「伊制馬爾」和「格亞斯」，使伊斯蘭教義成為一本永不閉合的書。也許伊斯蘭教執政掌權的另一種智慧，人們可從下面的事例中領略一、二。

　　一九七七年，埃及議會中的過激派提出一項議案，要求政府對叛教者施以極刑。他們說這是沙里亞所要求的。而實際情況是，如果要處死背教者，上埃及就會遍地流血，因為那裡的大部分人是信奉基督教的科普特人。男基督徒之所以擁護伊斯蘭教，因為它允許離婚，但一旦婚姻解體之後，他又會重新信

奉基督教。

對於這個看起來似乎棘手的悖論，結果卻被輕而易舉地消解了。辦法同樣來自教義：《古蘭經》第42章38節說：「他們的事務，是由協商而決定的。」當然，依據經典，議案被交付公眾辯論，埃及報紙還為此發了長篇評論，最終的結論，各方都意見一致！背棄伊斯蘭教雖然有罪，而且應受指責，但不至於要處死叛教者。

另一次，宗教界人士依據「沙里亞」穆斯林須戒酒的條文，宣布禁止飲用咖啡。結果遭到反對。同樣，又交付公眾辯論。由於全體人民的一致意見是強烈反對這條法律，政府就又宣布開禁，允許喝咖啡了。

這就是「伊制馬爾」和「格亞斯」的威力。

所謂「伊制馬爾」，譯為漢語即「公議」。公議的根據是唯多數人的意見是從，也就是某一地方某一世代大多數穆斯林或教法學家就某一問題所取得的基本一致的認識，它反映了社會輿論對流行的傳統習慣的確認或修改。

關於這種情況，有位阿拉伯的法學家曾作過這樣的描述：「每當我發現一個學術勝地的大多數學者持同樣的看法，我就稱之為公議（一致意見），不論他們的前輩是否同意。因為大多數人就任何事情取得一致時，不會不理會前輩人的既定意見，他們只有在考慮過廢止原則或掌握更充分的論據之後——儘管未予說明——才肯放棄前人的學說。」[8]

這位法學家顯然是對群體社會心理及其互動規律有著深刻的了解。實際上它最早根源於穆罕默德一句極其著名的格言：

---

[8] 夏赫：《伊斯蘭教法的起源》。

「我的部族絕不贊同任何錯誤的東西。」❾

　　公議一般有兩種形式：穆斯林大會或教法學家傾向性的意見。前一種範圍廣泛，通常是穆斯林社團就重大的原則問題，如宗教禮儀問題形成的一致意見。由於並沒有一個民意表決機關來普查民意，因而這類公議實質上是教法學家對當地民俗習慣的直接確認。後一種範圍較窄，僅限於某一地方的宗教法律學者就專門法律問題形成傾向性的意見。這類公議也含有大量的民俗習慣，但它們大都經過法學家的整理、加工、改造。早期的公議是匿名的，尚未同一些著名的教法學家的名字相聯繫，它所表示的僅僅是某個地方的法學家的折衷意見，因而帶有明顯的地域性差別。

　　極為關鍵的是，公議一經形成，就被看作是不謬且不容更易的，成為核准法律推理的權威依據。法學家的個人意見或判斷一旦得到公議確認與核准，便具有教法般的約束力了。

　　所謂「格亞斯」，譯為漢語即「類比判斷」。如果一則判斷是眾所公認的習慣、原則或前人的先例為前提，旨在通過分析、比較、推演，從而取得嚴謹的結論，這種技術方法即所謂類比判斷。這種方法與一般隨意發表的意見是不同的。

　　一般說來，它是法律推導的一種特殊方法和高級階段。但是，有時候還是允許法學家採取離開嚴格類比的變通方法，稱為「伊斯提赫桑」，即法學家的「優選」。優選如果出於社會公共利益的考慮，則稱為「公益」。例如，按照伊斯蘭教商法的慣例，租賃或雇傭的酬金必須是不可替代物，如黃金和白銀等。但習慣上則允許以提供衣食、住所為條件。這種例外，稱為法官「優選」。又如，在某種特殊情況下，法官可以不顧

---

❾　轉引自〔英〕G・H・詹森；《戰鬥的伊斯蘭》。

「一命償一命」的「同態復仇」原則，而把惡劣的合夥殺人犯（只謀殺一人）全部判處死刑。這種可靈活變通的原則，因其出發點是為了維護社會的公共利益，也被稱為「公益」原則。

儘管伊斯蘭世界內部四大派有不少不同意見，但在基本點上，他們並無原則上的區別。所以，對於普通的穆斯林來說，哪一派在該地的教法學者和禮拜研究者中間占優勢是沒有什麼實際關係的。而整個伊斯蘭世界卻能借助於在《沙里亞》法典基礎上的「附件」，成為一個並不閉鎖的世界。

在「正本」中闡明原則性，在「附件」中表達靈活性，既具有千年一貫的統一性，又不乏極為靈活的變通性。通過「伊制馬爾」（公議）和「格亞斯」（類比）將二者融為一體，這也是一種信仰和務實的交融。在阿拉伯語中，沙里亞是指「通向水的道路或小路」；用於神聖不可侵犯的法律制度時，它指的是「通向生命之源的道路」；現在，通過「伊制馬爾」和「格亞斯」，則使伊斯蘭的過去、現在和未來匯成一條滾滾無盡的大河，使從生命源頭湧來的活水，朝前奔向人類現世生活的大海。

「伊制馬爾」和「格亞斯」本身是在阿拉伯民族的現世生活中逐步形成並發展起來的。

蒙昧時代漢志的阿拉伯人是遊牧人或準遊牧人，沒有政府，沒有國王，僅有一些人數不等、大小不同的部落。雖然每一個部落各有自己的習俗，但有些習尚是共同的。如每個部落都有一個「仲裁」，他根據本族的傳統習俗和經驗去裁制族人的爭執。這些人一般都為人公正，善於排解，熟悉歷史。這種建立在風俗習慣上的裁制，沒有刑罰的處分，發生糾紛的雙方不一定受裁制的束縛，判決的案件，雙方同意則遵守，不同意則引起族人的忿恨而已。

伊斯蘭教興起後，對於這種風俗習慣，有承認的、有否認的、有更改的。穆罕默德在麥加住了十三年，在麥地那住了十年。在麥地那的十年才是伊斯蘭真正立法的時期。這個時期的《古蘭經》已經包含一些律例，而且還產生了解釋新生事件的聖訓。這兩種經典成為伊斯蘭教立法的兩個最大的源泉。

　　《古蘭經》被認為是真主默示的；但即使是默示的，也並不是憑空而來，經中的律例多半和當時發生的事件相適應。人們有了什麼爭執，就去請穆罕默德排解，然後便有默示下降，解釋斷法。譬如，有個安脫法族的人代他的孤侄管理遺產。侄子成年之後，要求自主，他不肯交出。兩人便去見穆聖，請求判斷。於是就有了那段關於對待孤兒遺產的著名經文。有些在麥地那的有關律例的經文，也是跟著麥地那的社會變遷而下降的。如在麥加時，《古蘭經》籠統地命令人們舉行不限定額的天課，到了麥地那則制定了天課的範圍和天課的使用。有若干蒙昧時代的習尚，本來是為伊斯蘭教所厭惡的，如飲酒。但伊斯蘭教並不是一次就斷然禁止，而是分為三個階段訓示人們：第一階段警告飲酒之害，第二階段禁止醉後禮拜，第三階段禁止飲酒。在《古蘭經》中就表現出這樣的區別。這些經文中的律例，不僅分期漸進，而且顧及當時的社會環境。所以，《古蘭經》裡還出現「廢止的經文」。阿拉說：「我廢止一段經文，我又敕降一段再善的或同等的經文。」又說：「當我用一段經文代替另一段經文的時候，阿拉最知道他所敕降的。」所以，《塔巴里經注》中說：「所謂廢止經文，即非義的改為合義的，合義的改為非義的；允許的改為受禁的，受禁的改為允許的。」

　　廢止經文的理由，乃是因為穆斯林所處的社會環境是隨著時間的變遷而有所不同的。很明顯的另一例是關於婦女守寡。

伊斯蘭教曾制定：死了丈夫的婦人，應守限一年才得出嫁；後又改為守限四月零十日。聖訓也有廢止的，如穆聖說過：「我從前禁止你們積蓄獻祭品，現在你們可以積蓄了。」「我以前禁止你們遊墳墓，現在你們可以遊墳墓了。」

自然，《古蘭經》與聖訓是有區別的。前者是阿拉的默示，後者是穆罕默德所口說的。聖訓解釋了許多《古蘭經》文。對於臨時發生的事，穆聖一般是以言辭判斷，而不以《古蘭經》為判斷的。

在有關《古蘭經》和聖訓所發生的事例中，阿拉伯的思維所特有的那種虔信精神與現實態度交相輝映的靈性已閃爍其中。這為「伊制馬爾」和「格亞斯」的產生準備了前提。

穆罕默德死後，默示斷絕了。而此時伊斯蘭王國的幅員卻很迅速地擴大。從伊斯蘭紀元十四年至九十三年的八十年左右的時間內，阿拉伯人先後征服了大馬士革、伊拉克、波斯、撒馬爾罕、埃及、馬格里布，以及北非和西班牙。遠征勝利之後，伊斯蘭教的阿拉伯人獲得了空前未有的財富和奴隸，享受了空前未有的豐裕生活；同時，也遭遇到了空前未有的許多重大問題。這些問題涉及水利灌溉、財政事務、軍隊的整頓、租稅徵收、戰敗人民的待遇，甚至婚姻制度和司法制度，這都是他們住在阿拉伯半島時所沒有遇到過的。但伊斯蘭的遠征是有秩序的遠征，遠征軍後面隨著大批宗教學者、教師、法學家。

由於《古蘭經》和聖訓裡沒有明文分析這些具體問題，於是，在這些人共同努力下，伊斯蘭就產生了另一種法律，即「意見的法律」與「類比的法律」。許多聖門子弟，在沒有經訓明文的時候，就用自己的意見解釋法律。

根據肯迪在其所著的《法官傳記》中記載，埃及法官伊雅

德·俄拜杜拉寫信給哈里發歐默爾，請求解釋一個問題。歐默爾回信說：關於這個問題，並無依據，你可以用你的意見解決。此類例子當時是很多的。阿拉伯語「意見」一詞，在當時乃是「公正」的意思。換言之，「意見」就是對「公正」與「虧枉」所表示的正確意見。

被史學家譽為最有「決斷」才能的哈里發歐默爾曾認為《古蘭經》和聖訓的律例是注重人生福利的，所以，他就根據經訓重視人生福利的精神來發表「意見」，創制新的律例。比如，在饑荒之年，犯偷竊罪的，歐默爾就不處以割手之刑。相傳有一次，哈特布的幾個僕人偷了某人的一頭駱駝，結果被抓住後帶到歐默爾面前。他們立刻認罪了。歐默爾便對哈特布的兒子說了裁決的結果——按伊斯蘭教規，割去數僕之手。將帶去執刑之時，歐默爾忽然喊住他們，並轉過來又對哈特布的兒子說：「啊！指主發誓！我本來要割他們的手，然而若不是你們對他們苛刻，使他們受饑挨餓，他們絕不敢把非法當作合法的。我釋放他們，必須重重地處罰你們。」[10]

這種做法已具有注重經文精神，不拘束於條文字面的意思了。所以，當「意見的法律」和「類比的法律」產生時，從「意見」發展為「商議」的趨向也出現了。在歐默爾時代，經訓沒有規定的，就參考前任哈里發的決案；再不能解決，就召集首領會議，依據大眾的決議解決。西班牙的阿拉伯人後來還組織了諮詢會議，由哈里發指定若干諮議員，協商解決疑難問題。「公議」和「類比」自然隨著這一過程日趨成熟。儘管後來有聖訓派與意見派的區分，但實際上兩派都重視當地的民俗習慣，都不同程度地運用意見、推理、類比判斷的方法，都以

---

[10]　阿爾·才伊勒耳：《搜集正確聖訓的標準》（卷3）。

大多數法學家的公議核准法律推理的權威依據，並把本派公認的法律學說稱為「遜奈」，即一致贊同的習慣。總而言之，「伊制馬爾」（公議）和「格亞斯」（類比）成為伊斯蘭司法制度的兩大基礎。

我們之所以有必要把這段發展史勾勒出來，也許可通過這一智慧發育史的重現，讓人們更清晰地看到作為智慧生長點的《古蘭經》中那句名言：「他們的事務，是由協商而決定的。」（4：38）是如何在現世生活推動下，催發出一棵枝葉繁茂的大樹，一種成熟的智慧：「神意的法律」沙里亞，借助於「公議」和「類比」，把神意與人意、過去與現在、理想與現實、本民族與異民族、共同性與個別性、時間和空間統統聯結在一起，使伊斯蘭具有了自我調適、自我更新的活力。英國人Ｇ·Ｈ·詹森用西方人特有的眼光評價道：「正是通過這一原則，民主對伊斯蘭政體的實踐產生影響。」[11]

不管怎樣，伊斯蘭借助於流動的智慧，使穆罕默德成為對現世生活影響最大的人物。

使用合法的計謀

本世紀中葉，當現代沙烏地阿拉伯的第一位國王阿卜杜勒·阿齊茲準備開採埋在國土之下的石油時，卻碰到一個令人頭疼的問題，一個名叫阿布·巴茲的長者批評他被不信奉伊斯蘭教的美國人所引誘了。可是，現代化就意味著會把外國人——非穆斯林——引入本土。

---

[11] Ｇ·Ｈ·詹森：《戰鬥的伊斯蘭》。

如何使宗教辯論變得對阿齊茲的對外開放政策有利呢？這位國王終於想出了一個辦法：國王請他到王宮當眾提出指控。阿布·巴茲真的這樣做了。當阿齊茲聽完了他的指控之後，發生了如下一幕。據親眼目睹此事的一個美國外交官說——

當時，國王離開御座，站到了阿布·巴茲身邊說：「我現在不是國王，只是一個穆斯林，像你一樣，是先知的僕人。阿卜杜勒·阿齊茲請求烏里瑪——把我們平等地拼在一起的伊斯蘭教教法官——作出判決。」為了表明他完全了解先知的生平及傳統，國王舉了創始人雇用一個個、一群群非穆斯林的有充分証據的幾個例子。「我說的對不對？」阿齊茲國王如普通人一般誠懇地問道。這時坐在一旁事先被邀請來的法官們異口同聲地回答他：「說得對。」「那麼我遵循先知的足跡，雇用外國專家為我工作，難道違反教法了嗎？那些美國人和操縱機器的其他外國人都是我帶到這裡來的，都是按照我的指示為我工作的，以增加這個國家的物質資源，並為了我們的利益開發阿拉埋在我們土地下面、打算給我們用的金屬、石油和水。我這樣做違反了什麼穆斯林法律嗎？」結果，法官們宣告他無罪。沙烏地阿拉伯從此開始了致富的過程。

用類似的方法，這位國王又說服這幫伊斯蘭教教法官接受被稱為魔鬼般的發明——無線電。他是通過安排一次《古蘭經》廣播來說服這些「烏里瑪」的。當聽完了廣播之後，「烏里瑪」的裁決是：如果這種儀器能夠精確地傳播神聖的話語，就可以使用。

如果說在「但書」後面做文章是猶太智慧的特色，那麼善於使用合法的計謀，也許可稱之為伊斯蘭智慧的風采了。

運用合法的計謀制勝，最早可追溯到伊斯蘭教的初創時期。著名的「壕溝之戰」即是一例。當時，伊斯蘭教初興，半

島上的猶太人從穆罕默德傳教活動的結果中，看出了穆罕默德是他們的勁敵。如果穆罕默德最後取勝，那會使他們在島上的地位最後崩潰。於是，猶太人白尼·奈迪爾族中的顯貴們便聯絡半島上的其他猶太人和反對穆罕默德的阿拉伯部落組成了一萬人的盟軍進攻麥地那。為了禦敵於城門之外，居住在麥地那的穆罕默德和穆斯林們決定採用一個名叫薩勒曼·法利西的人的建議，採取壕溝戰術；即在麥地那城周圍挖一條壕溝，以阻擋討穆大軍的進攻。這就是歷史上著名的「壕溝之戰」。

當時，麥地那城內有個猶太人部族——猶太人白尼·古賴宰族。為了鞏固後院，消除隱患，穆罕默德與他們簽訂了一個讓其保持中立的條約。不料在大軍壓城的嚴峻形勢下，加之圍城的猶太部隊採用了離間計，聲稱如果這個部族撕毀中立條約，倒向盟軍，作盟軍進攻麥地那的內應，必將受賞。結果，在利誘面前，猶太人白尼·古賴宰族倒向了盟軍。這使城內的穆罕默德部隊面臨的局勢驟然嚴重起來，他不但要與城外的猶太軍及阿拉伯軍作戰，還要面對城內猶太人的反叛，處於裡外夾攻的形勢下。此時，穆罕默德決定採用計謀克敵制勝了。

他先派人去城外向猶太人蓋泰凡族提出，如果他們撤走，穆斯林們將把麥地那三分之一的收成奉獻給他門。這一招立刻奏效了。因為蓋泰凡人前來進攻穆斯林，原就為了撈點戰利品，現在不戰而獲，自然正中下懷。他們便商議退兵之事。同時，穆罕默德又派人打入城內的猶太人中，對他們獻計：不能輕易為盟軍作內應，應先把盟軍的人質弄到手，以免日後被他們輕易拋棄。此外，他還派人去城外的盟軍中放風，說城內的猶太人撕毀中立條約後又反悔了，決意要拿一個阿拉伯古萊族人的首級去重新討好穆罕默德，如果城內有人來要人質，是輕易不能給的。結果，在穆罕默德如此計謀的作用下，這三股力

量相互猜疑起來，都無心戀戰了。恰好某天黑夜，狂風席捲了城外的盟軍帳篷，吹翻了他們的飯鍋，加之有人大叫：「穆罕默德要對你們下手了，快逃命吧！」頓時，營中軍心大亂，人們都害怕遭暗算，急忙收拾鋪蓋撤走。到第二天早上，城外已不見一個人影了。

「壕溝之戰」成為伊斯蘭史上用計謀擺脫困境的最初事例。它至少說明，為了自衛而使用計謀是被允許的。

謀略的真正發展是由兩條渠道匯合而成的。

第一條渠道是得益於阿拉伯故事的發展。在伊斯蘭初期，阿拉伯社會流行講故事之風。這種講故事活動是由幾方面的原因發生的。

（一）是部分的聖門子弟在從事政治活動中，感到必須認識各國帝王的史蹟及其政治制度，這在伊斯蘭國土擴大之後，變得十分需要。在這種情況下，他們注意收集阿拉伯人的事蹟、戰史和波斯歷代帝王的軼事，這使各種以故事形式的傳述發展起來。

（二）是若干歷史悠久的民族，在他們改奉伊斯蘭教之後，便把本族的歷史傳入穆斯林中。其用意或出於宗派主義的思想，或出於其他目的，他們積極將自己知道的歷史和傳說事蹟，為穆斯林講述。猶太人和波斯人都曾這樣做過。

（三）是穆斯林本身搜集聖訓的工作使聖訓中的歷史也成為故事之源。

據伊本・希哈布說：「最早在先知的禮拜寺內講述故事的是泰米木・達理。」據說，在哈里發奧斯曼時代，他被允許一個禮拜講述兩日。據歷史記載，「講述故事時，講述者坐在禮拜寺中，群眾團團圍著他。講述者先叫大家讚誦阿拉，然後或

講述歷史，或講述各國的故事，或講述神話等等。講述的材料在於能激動聽眾的感情，而往往不問其真偽。」[12]故事很適合一般人的口胃，所以發展很快，後來，講故事的事業日漸發展，竟成了正式的職業。凡講述故事的人，都由政府正式委派，並給以薪俸，成為政府人員。

據肯迪的《法官傳記》記載，法官兼講述者的居多。埃及第一故事講述家蘇里曼·伊特爾（伊斯蘭紀元卅八年）就是以法官而兼講述家的；後來法官的職務被免去，就開始專門從事講述了。

通過這種故事的講述，一方面使歷代正史被那些戰爭小說和稗官野史攪混得真偽難分，以致使後代的歷史學家勞力費時去做許多無謂的考證；同時另一方面，也使各種計謀的描述與運用發展起來。

謀略發展的第二條渠道是得益於教法派中意見派的發展。

《古蘭經》是穆罕默德轉述的真主的默示，伊斯蘭社會的一切都是依循《古蘭經》的指點而運轉的。當穆罕默德死後，默示斷絕了，而伊斯蘭王國的幅員卻很迅速地擴大著。戰勝者在新的土地上遇到了許多不同於以往的新事物，甚至包括阿拉伯人在其過去簡單的生活中沒有經歷過的種種罪惡事件以及內政、外交方面的問題……所有這一切都使初期的立法家遇到了困難？《古蘭經》和聖訓中沒有明文來分析這些具體的問題，於是伊斯蘭便產生了另一種法律，即如前所述的「意見的法律」或「類比的法律」。

許多聖門子弟，在沒有經訓明文的時候，就用自己的意見

---

[12]　〔埃及〕艾哈邁德·愛敏：《阿拉伯——伊斯蘭文化史》（第一冊）。

解釋法律。在此基礎上，漸漸形成了伊斯蘭教四大教法流派，其中意見派的代表人物艾布・哈尼斐教法的一個顯著特點是使用合法的計謀。在這一派的影響下，「謀略」成為該派和其他教派教法的一個重要內容，因而計謀漸成為一些伊斯蘭教法官們的裁決謀略和擺脫困境的法律技巧。即使在平時，法學家們也會假設許多事實上沒有發生過或根本不可能發生的繁難事件，供研究裁決技巧的法學家作為斷案的練習。這自然促進了計謀的創設與積累。

以意見派代表人物艾布・哈尼斐的裁決藝術為例，他在裁斷盟誓休妻方面有不少傳說。

按伊斯蘭教規——一個男子可以通過三次宣布其離婚意圖來休棄妻子。這樣，針對男子的此類言行而採取解救婦女的措施就成為一個重要問題了。

一次，一個名叫艾勒・艾阿麥什的人發誓說：如果他的妻子告訴他麵粉已用完，或寫在紙上、或寫信、或讓別人轉告、或當面暗示此事，他就要將其妻休棄。艾阿麥什的妻子無奈，便去請教艾布・哈尼斐。艾布・哈尼斐隨即幫她想了一個解救的辦法。對她說，如果麵粉已盡，你可乘他睡覺時，將麵袋拴在他的外套或衣服上。待天亮或他起夜時，他就知道袋空麵盡了。另一人發誓要在齋月的白天同他老婆同房，但這是教規所不允的。艾布・哈尼斐便斷為：該人可帶著他妻子一起去旅行，這樣，他倆在齋月的白天也可以過性生活了。另有一例：某人見其妻正站在梯子上，便發誓說：如果你往上走，就要被休棄；但如果下來，也要被休棄。艾布・哈尼斐的裁決是：該婦人站在梯子上不動，命人將梯子放倒，該婦人便回到了地上。再如有人請教艾布・哈尼斐說，他有一獨子，給他娶妻，

他就把妻子休掉；為他娶一女奴，他又將其釋放為民。現為父的已計窮，求哈尼斐幫助。艾布‧哈尼斐給他出主意道：給你自己買下一個你兒子所喜歡的女奴，然後讓他娶其為妻。他如將其休棄，你可將財產收回；如他將其釋放，則所釋之人非他所屬也枉然。諸如此類的例子，不勝枚舉。

　　該派著有論述「謀略」的專著，此書中，甚至連逃避義務的計謀、廢除先買權的計謀、用遺囑指定繼承人的計謀、推翻偷盜處罰的計謀等等都應運而生了。在其影響下，使用計謀於法律仲裁中便漸漸盛行起來。如果將計謀比喻為一串串圓圈的話，各教派之間的區別只在於圓圈的多少與大小了。

　　但是，「計謀」的運用也帶來了負面效應。正如伊本‧蓋衣姆所指出的，後人又把各教長處理過的少數案例擴大化，以至把計謀塞進了法學的各個領域，而且遠遠超出了各位教長的使用範圍，炮製出一些陰謀詭計。於是，阿拉伯人又開始對計謀分類，列舉出計謀的種類，指出哪些可用，哪些不可用，將計謀分為合法與不合法兩大類。如謀財害命、殺人越貨、侵吞權利、挑撥離間一類的計謀是禁用的……穆斯林認為傳授這類計謀是非法的，用它來解釋教法或作證也是非法的，用此斷案更是要嚴禁的。但為了爭得自己的權利，反對迫害的計謀是可以使用的。使用合法的計謀，就成為阿拉伯人行事處世的一大技巧了。這反映在阿拉伯的大量民間故事及民間傳說之中，著名的《一千零一夜》可以說是阿拉伯式計謀的集錦。這亦反映在本文開頭所提到的現代沙烏地阿拉伯國王阿卜杜勒‧阿齊茲的行事機巧之中。無論是阿齊茲說服烏里瑪接受無線電還是接受利用美國專家開採石油的建議，都顯示了如何利用合法的計謀使技術的新事物合法化的例子。

七〇年代的埃及，甚至利用合法計謀避免了一場內部紛爭。埃及的宗教保守派在七〇年代發起了一場禁酒運動，要求以沙里亞（即教法法典）的名義禁止喝酒，宣布喝啤酒、果子酒和烈性酒都屬非法。但實際上，這項禁令在埃及是不可能實行的，因為旅遊業是埃及的一項大事業，政府不想做任何會趕走遊客的事。另外，埃及工業自六〇年代實現國有化以來，各類酒廠已歸國家所有，並為成千上萬的工人提供了就業機會。如何在教法與實利之間實現平衡呢？結果政府同意頒布這道法案：把公共飲酒場所限制在旅遊點，即開羅、亞歷山大、盧克蘇爾和阿斯旺這四大城市的大飯店和西餐館。實際上，普通的埃及工人極少喝酒，但遵循沙里亞這條原則得到了肯定。

　　如人們所知，在阿拉伯世界，穆斯林的行為準則和社會活動準則是依據《古蘭經》和聖訓而定的，聖訓還包括穆罕默德的門徒所記得和記錄的他的全部言行。所有這些都匯集在一部阿拉伯語叫作「沙里亞」的法典裡。這部法典不僅涉及禮拜習俗，還涉及社會、經商、家庭、犯罪和政治等事務。伊斯蘭教沒有任何中央教義機構，因此也沒有任何解釋沙里亞的最高法院——各穆斯林國家都根據自己的目的解釋沙里亞，並在它的原則範圍內為自己的風俗習慣找到了存在的餘地。正如沒有一本包羅沙里亞的書一樣，管理現代國家也沒有一種應用沙里亞的公式。

　　阿拉伯人通過運用合法計謀的謀略思想，如西方學者所評論的那樣，使「學者們把《古蘭經》和聖訓解釋為指導方針，而不是一本什麼都必須照辦的閉合之書。這些指導方針已使伊斯蘭教隨著世界的發展而發展，伊斯蘭教的法學家則把宗教的原則應用於超乎穆罕默德同時代人所能想像的情形和想法。」

❸顯然，使用合法的計謀，使阿拉伯人「感到解放而不是感到約束」。不是嗎？當銀行收取利息被認為是違背《古蘭經》禁止高利貸這條戒規時，急湧而來的石油財富和商業繁榮使沙烏地人在禁止銀行貸款收取利息時，允許銀行對貸款收取「佣金」，並對資助的項目取得一定比例的股權。再如，在保留了沙里亞關於一個男子可以通過三次宣布企圖離婚來休棄妻子的規定時，許多國家又對它作了修改，或要求男子必須在法官面前宣布意圖，或規定只能在確有理由的情況下批准離婚。在伊拉克，一個男子要娶第二個妻子，必須得到法官的允許，而法官在同意之前，先要確定他是否具備贍養另一個女人的經濟能力……如此種種……說到底，合法的計謀是一種權變之術，思維的機巧在此獲得了精靈般的表現。這種做法在現代使用的後果，正如托馬斯·李普曼先生所評價：它使得「沙里亞仍然是伊斯蘭教，但不再是僵化與蒙昧主義的同義詞。」❹

---

❸　〔美〕托馬斯·李普曼：《伊斯蘭教與穆斯林世界》。
❹　〔美〕托馬斯·李普曼：《伊斯蘭教與穆斯林世界》。

Chapter 8
婚喪嫁娶的智慧

都以「聖名」為「經名」

「如何給孩子起名？」在世界各種文化中有各自不同的習俗。中國人在「名字」上歷來講究頗多，有藉此以明志、有藉此以示紀念，也有藉此表達祝願或顯示父輩之祈望……凡此種種，產生了「起名」的學問，魯迅為此寫下一篇雜文。時下有不少中、小學校，以「我的名字……」為學生命題作文，其用心是讓學生重溫名字背後所隱藏著的家長的希冀……人同此心，心同此理。阿拉伯穆斯林在給孩子「起名字」上，也映現著伊斯蘭文化的特色。

古代阿拉伯人，遊牧生活和文盲充斥，對名字的講究極少。伊斯蘭教形成之後，「起名」逐漸成了阿拉伯穆斯林生活中的一件大事。對穆斯林而言，嬰兒出生之後，要在一定時間內，請阿訇舉行特定儀式，為嬰兒起經名。因教派不同，其舉行具體起名儀式的時間也有所不同。有的是在嬰兒出生之後，尚未吃奶之前，就把嬰兒從產房抱出，派阿訇從《古蘭經》中

為嬰兒選取經名;有的是在嬰兒出生七天後才請阿訇取經名;也有的是在嬰兒出生三天之內為其取名。

時間雖前後有差別,但為嬰兒取經名大都要舉行一定的宗教儀式。這種儀式是:首先阿訇對嬰兒低念大宣禮詞,即那種在清真寺宣禮樓上高聲召喚教眾上回寺禮拜的招拜詞;再念小宣禮詞,即那種教眾進入殿後,宣禮員招呼大家排好隊,準備禮拜的招呼詞。念完之後,在嬰兒的耳上吹一下,然後從伊斯蘭教所尊崇的「聖人」、「聖女」名中選出一個聖名告之家人,即為嬰兒的經名。這一套儀式表現一個嬰兒出生之後,把他由清真寺之外召喚到清真寺,進了禮拜殿大門。此後,他就是一個當然的穆斯林了。

這個習俗還延伸到女孩九歲、男孩十二歲的出幼儀式。尤其男孩出幼時,都舉行隆重的出幼割禮。自此,男孩就要承擔宗教義務,履行宗教功課,開始宗教生活。從這一點上來講,這也可說是一種「成丁禮」。這種割禮是由專門的宗教人員施行。在舉行割禮那天,通常還要舉行儀式,請阿訇念經,擺宴請客,以示慶賀。若女孩出幼,雖各項儀式從簡,但也要在家庭內部為之慶賀。

每個孩子都以「聖名」為經名,初看似乎僅是一種宗教習慣,其實它凝聚著伊斯蘭文化在培育後代方面的經驗和智慧。中國歷史上,「孟母三擇鄰」是膾炙人口的故事;中國諺語中也有「近朱者赤,近墨者黑」的名言:都是在強調社會文化心理環境對子女成長的影響。無論是讓孩子與讀書人為鄰,還是讓子女交好朋友、不交壞朋友,都是為子女創造外因條件,發揮文化心理環境對品性成長潛移默化的陶冶作用。穆斯林們讓孩子以聖名為經名,最明顯的意義是讓孩子一到人世就馬上置於伊斯蘭教影響之下,以伊斯蘭文化關於做人的教導指引一生

的成長。

　　自然，以聖名為經名，另一層含意是盼望、祈願孩子能像叫此聖名的聖人那樣，成為一個品德高尚、出類拔萃的人物。從教育的智慧上看，以「聖名為經名」與「孟母三擇鄰」的教子方略相比較，在為後代創設一個理想的文化心理環境方面，兩種文化恰有異曲同工之妙。兩種文化對此點的共同領悟，說明這確實反映了某種德育規律。

　　對文化心理環境的重視和強調是伊斯蘭文化教育智慧的特色之一。兒童出生後即以聖名為經名，當他懂事時，知道了他（她）的經名的意義，心理上就會產生一種自我認同感。由於這個名字是經過隆重的宗教儀式獲得的，當這一切在以後被告知本人，會使人產生一種彷彿是與生俱來的命運感，會使具有這個經名的孩子在潛意識層次上去仿效這位聖賢，從而獲得一個終身伴隨著他（她）的人生榜樣，成為他精神上的導師。

　　社會學曾用「我群體」和「他群體」的概念區別對人有不同作用，以及人在其中作用不同的兩種團體；如果借用這兩個概念中個人與團體之間關係的意義，可以看到，阿拉伯穆斯林們通過起「經名」，把教養孩子成長的環境從外部移植到人的內心深處，在內心深處為孩子創造了一個能對其品性成長起潛移默化的陶冶作用的心理環境。與「孟母三擇鄰」及「近朱者赤，近墨者黑」的民諺相較，後者雖有心理影響之意，但還不如直接把「榜樣」植入心田來得更有力量。

　　在教育學理論中，在如何看待教育在學生成長過程中的作用問題上，就存在著兩種不同的觀點。一種認為，內因是根據，外因是條件，外因是通過內因而起作用的。國人對此點是早已諳熟的，「孟母三擇鄰」就是給兒子找外因。另一種觀點認為，名師出高徒，再差的學生，只要有好老師教，也會有進

步。這個道理雖與前者不同，但也被許多成功的經驗所支持。法國著名的百科全書派哲學家愛爾維修就說過：「即使是普通的孩子，只要教育得法，也會成為不平凡的人。」所謂教育得法，就是說，它能通過教師的指導、示範和督促，使教師的人格、才能、學識等方面，經過學生的吸收與移入，從而變成學生內在的追求，變成學生內在要素的一部分；用哲學的語言來說，就是通過外因內化而起作用。

不管阿拉伯的穆斯林在給孩子起「經名」時想到了什麼，但這種以「聖名」為經名的做法，實際上取的就是使外因內化的方針。正像現代人至今仍被埃及金字塔的精妙設計如此符合現代數學、物理、化學、生物學、天文學、建築學等各式各樣的理論所傾倒，在此，我們也不得不被穆斯林們的做法與現代教育學理論的契合所折服。要知道，外因內化和內因外化實際上是一切生物體維持自己的存在和發展的基本機制，是任何開放系統的一個根本特徵。當阿拉伯人建立以聖名為經名的宗教習俗時，他們尚未明確地意識到這一切，但他們卻在事實上建立了一個符合現代教育學原理的德育方式，此乃屬民族之天分也！伊斯蘭文化能迅速改變古代阿拉伯人的陋規舊習，重塑民族之魂，與這種從孩子呱呱墜地起就開始品性道德教育的做法分不開。

在阿拉伯世界，兒童從會說話起就立刻接受教育，而且最初的教育來自最高的聖典《古蘭經》。教的課程很簡單，即伊斯蘭教禮拜儀式所必須的祈禱文，認識起碼的《古蘭經》文，以及《古蘭經》本身所涉及的歷史、教儀和教規。孩子們每天都要熟讀一段《古蘭經》並高聲背誦。每個孩子都以熟記《古蘭經》全書為目標，做到了這一點就公開予以慶祝。同時學會

書寫、射擊、游泳的，被稱之為全才。整個小學教育以道德、性情的啟蒙教育為目標。文化知識是到中學才開始傳授的。這種作法，相沿成習了幾百年。中國人在論及精神文明時，把精神文明分為思想道德和科學文化兩部分，認為這兩部分在不同文化背景的國家之中，所處的位置是不同的。阿拉伯穆斯林的做法，事實上是在兒童出生到小學以前，更為重視的是第一部分。在兒童天真無邪的心靈裏，首先播下的是如何依《古蘭經》的教導，走正道、做善人的種子；用阿拉伯人的俗語講，即驅惡從善、驅邪歸正，給兒童首先樹立的是本民族文化中聖賢的形象。這種施教方針與德育方針，對於今天的人們，也不無啟迪。

在以追求知識和善行為目標的穆斯林教育思想中，同樣映現著信仰與務實交融的阿拉伯智慧。只要對阿拉伯民間故事或「教誨錄」、「聖訓錄」一類典籍稍加留意，人們就不難發現熠熠閃光的教育智慧俯拾皆是。阿拉伯人說；「要把一切應學的知識和技能全教給孩子，這才體現出作父親的責任和慈愛。」所以，教子求知、教子習藝，在阿拉伯蔚然成風。一般阿拉伯孩子的父母都有如下的觀念：「學習知識和技藝絕不會有錯，不論什麼技藝和才學，總有一天會用上，因為誰也不能預料世界上將來會發生什麼事，對人們未來的命運也不能未卜先知。」當然，在阿拉伯人那裏，這種知識和技能的學習也因人而異。如果是貴族，作父親的，一般就讓孩子學文化、禮儀和藝術，認為這比留下財產還重要。如果是一般百姓，作父親的，一般就把教給孩子手藝看作第一要務。在他們看來，手藝是最重要的技藝；假如孩子學會了一百種手藝，即使不從事這些工作，也終有一天會用得著。

記得菲爾杜西的《列王論》中，有這樣一段故事：據說有個國王被推翻後，來到一個異域城市。此時他已身無分文，卻又恥於為一片麵包折腰。幸好他幼時經常到他父親的領地去看打鐵，觀看鐵匠們如何製作刀劍、馬蹬、馬嚼等。此時，他便來到鐵匠鋪自我介紹說：「我會打鐵。」於是，他得到雇用。在流亡期間，他就是靠這種手藝維持了生活，而沒有寄人籬下。後來，當他復位之後，便命令全國的貴冑無一例外，都要學習一門手藝。而在此之前，人們都把這視為有失身分、沒有出息的事。

現在，「知識技能是留給孩子最重要的遺產。」就成為阿拉伯人的民諺。融舐犢之情與務實態度於一爐，正是這句民諺所映現的智慧光芒。某些人對獨生子女的溺愛寵養，尋常百姓家卻養出一批公子哥兒、嬌小姐的社會現實，與古代阿拉伯人的教子方略相比，現代人正要在古代人面前汗顏呢！

「把教給孩子禮儀文明看作與給他飯食一樣重要。」這是阿拉伯穆斯林教子的又一經驗之談。在《卡布斯教誨錄》教子篇中，有一段這樣的話：「假如你幸得貴子，孩子啊！首先要注意的是教育他維護榮譽。就像所有父母對自己的孩子所要求的那樣，把名譽看得至關重要。教導他待人要和藹，辦事要盡力而為，充滿信心。」「即使孩子境況不佳，你也不要怨天尤人。應盡作父親的職責，而不要忽視對他的文明教育。」阿拉伯人這種對禮儀文明教育的重視來自《古蘭經》的教導。《古蘭經》說：「難道你們不知道真主有過這樣一個比喻嗎？一句良言，好比一棵優良的樹，其根柢是深固的，其枝條高聳入雲，憑主的許可，按時結果。」「一句惡言，恰似一棵惡劣的樹，從大地上連根拔起，絕沒有一點安定。」良言能結果實，

惡語絕無安定，這正是有關生活幸福的真知灼見。人靠社會維持個體生命，人更靠禮儀文明維持他的社會生命，因為人是一種社會性動物，離開群體，人就難以生存。漂流到孤島上的魯賓遜雖是一人，但他仍離不開多少年來人類群體所積累的生活經驗、生活技能與生活智慧；再說，他也並不是孑然一身，沒有土著「星期五」的相伴與合作，他也難以在荒島立足。阿拉伯穆斯林把教給孩子禮儀文明與供他衣食置於同等地位，這實屬一種對生存智慧的深刻洞見。因為禮儀文明不僅是處理人際關係的一種潤滑劑，更是維持群體團結和諧以及與人合作共事獲得成功的首要條件；在關鍵時候，甚至能救人於危難之中。

在阿拉伯民間傳說中，有不少教人文明禮儀的故事：有人因此而贏得友誼，有人因此而得到愛情，也有人因此得到財富。其中有個故事這樣寫道──

從前有一戶貧苦人家，媽媽癱瘓在床，爸爸雙目失明，只有唯一的女兒法蒂梅操持家務。有一次，她獨自到沙漠拾柴，不巧迷路了。天黑後，只好躲在裝柴的口袋下面。後來，法蒂梅感到一個奇怪的龐然大物立在她面前，向她問道：「誰在這兒？」姑娘嚇得上氣不接下氣。慌亂中，她想起真主「良言似良樹」的教導，於是在驚恐之中仍不失禮貌地回答：

「大叔，是我哩！我叫法蒂梅。」

「你認識我嗎？」

「認得的。」

「那麼，我是誰呢？」

「你是獸中之王、沙漠的主人、幸福的源泉、力量之所在。」

這時法蒂梅鎮靜起來，她相信：「善言者必得善報。」

「你看我長得好看嗎？」

「你長得很俊美，就像大地上雄偉的高山。」

「你認為我的士兵怎麼樣？」

「強將手下無弱兵，他們是百萬雄獅，無比英勇。」

「那麼，你是什麼地方的人呢？你為什麼孤身一人來此過夜？」

姑娘一一作了回答。姑娘的遭遇令人同情，姑娘對陌生人的尊重與禮貌獲得了這個龐然大物的好感，於是便命令它的士兵把姑娘送到離城最近的一個地方，並在她的口袋裏裝滿了金銀財寶。

可是，另一位姑娘，在沙漠中卻遭遇相反，她與凶獸的對話，要不是被一隻小沙鷗聽見，人們不會相信那是事實。他們是這樣對答的——

「你是誰？」

「我是某某姑娘。」

「那麼，你認識我嗎？」

「認識。你是一隻凶惡的野獸。」

「我的穿戴和長相怎麼樣？」

「你穿戴的只是一身皮毛，樣子像一頭綿羊。」

「你看我的士兵怎麼樣？」

「我說你的士兵是一些低等動物，在山區和平原為非作歹，無惡不作。」

結果，當姑娘說完之後，凶獸生氣得哼了哼鼻子，命令它的士兵把她撕碎在沙漠之中。當然，這只是一個童話，但故事足以告誡人們，一個人對別人沒有禮貌，出口傷人，是必遭滅頂之災的。

這樣的民間傳說，在阿拉伯穆斯林中流傳了一代又一代，成為對子女進行禮儀文明教育的傳統教材。此外，那些寓意雋秀的阿拉伯小語和警句，也在民間廣為流傳，諸如「有教養者不同任何人吵架」、「謙遜使人盡消嫉妒之心」、「說話不講禮貌者只有庸人」、「冰冷的語言往往播下對你仇恨的種子」，讀起來琅琅上口，做起來簡便易行。今天，阿拉伯穆斯林的禮貌與好客，仍給每一位陌生的造訪者留下深刻的印象。這類淳厚民風的形成，是與從小受到被視為與飯食同等重要的禮儀文明教育分不開的。

在對兒童的禮儀文明教化中，強調知恥知羞，又是阿拉伯穆斯林教化智慧的一個特色。關於羞恥，阿拉伯人的民諺是：「知羞是善的前奏，無恥是惡的開端。」所以，孩子從小被教育要知羞恥。知羞，是一個包涵內容相當豐富的倫理道德概念。穆斯林的座右銘是：「有信念者才知羞。」也就是說，只有信仰真主及其使者的人，才能區別善惡與羞恥。知羞知恥，也就是知善知惡。明知故犯，輕者為羞，重者為恥。而何為善惡？《古蘭經》曾經做了詳細的闡釋。

《古蘭經》所舉的善行主要有：賑濟貧民，憐恤老人孤兒，孝敬父母，優待親戚，親愛近鄰、遠鄰和伴侶，款待旅客，寬待奴僕，不棄絕女嬰，不亂倫姦淫；而與善相對立的惡則是：以物配主，不信仰真主的行為，其中還包括那種藉詐術而侵蝕別人的財產，以別人的財產賄賂官吏和那種妄冀非分、搬弄是非、造謠生事的行為，以及偷盜、姦淫、賭博等等。所謂明善惡，也就是明是非，是非心與羞恥心聯繫在一起。通過知羞恥的教育，使後代明是非、辨善亞），從而驅惡從善，驅邪歸正。「純潔產生於知羞。」是穆斯林們一個普遍的信念。阿拉伯兒童從懂事起，就接受以《古蘭經》為基礎的善惡教

育，自小被培養起人應有的羞恥心，堪稱一種頗具特色的教子良方。

　　如果說以「聖名」為經名是一種文化心理環境的重建，那麼這種羞恥心的培養則是對個人道德自律精神的建構。在阿拉伯，這種羞恥心甚至發展到避免受愚人讚賞，因為在阿拉伯人心目中，平庸的褒賞正是對傑出的貶抑。

　　據說有一次，一位古代阿拉伯著名的學者和醫生，名叫穆罕默德・本・茲克里亞・拉茲，在和他的學生一起散步時，同一個瘋子相遇。那個瘋子目不轉睛地盯著他看，並友善地向他微笑。穆罕默德・本・茲克里亞・拉茲回到家之後，立即令人為他熬百香──一種可以醫治瘋癲的草藥。學生們問他：「為什麼你要喝這種藥？」他回答說：「由於那瘋人正犯病時，不對別人，單對我溫厚凝視，嘻笑。人們常說：『同類鳥兒，才比翼齊飛。』我受到一個精神病患者的稱讚，必是出了問題。」故事中的做法雖然有些過分，但它至少表明，人們的羞恥心已達到了何種程度。

　　知羞恥、知榮辱，是一個人上進的開始，也是一個人走正道的開始。從每個兒童以「聖名」為經名的習俗到「純潔產生於知羞」的信念，伊斯蘭文化在兒童德育方面，從對孩子成長關係極大的社會文化心理環境建設逐步深入到個人道德價值系統的建構，在實際生活中的收效是十分明顯的。它使阿拉伯人經過幾代的努力，就改變了遊牧生活的陳規陋習，建立起以伊斯蘭精神為核心的新的道德體系，並輻射到世界各地。

結婚是瓦直卜，結婚是遜奈

在阿拉伯語中，「瓦直卜」意為「當然」，「遜奈」意為「聖行」。阿拉伯人將結婚稱為「瓦直卜」和「遜奈」，也就是說，結婚是當然的事，結婚是一種聖行。在各民族的生育文化中，阿拉伯人的風俗習慣與思考方式也是別具一格的。

給擇偶婚配賦予宗教聖行的意義，是阿拉伯穆斯林婚姻觀念的一大特點。聖行，就一般人的理解而言，它或是指聖人之行為，或是指神聖之行為。聖人，是僅次於神，在道德和智能方面都水準極高的人；神聖，也是與崇高、聖潔聯繫在一起的。把結婚尊崇為聖行，也就是把結婚視為高尚、純潔、神聖之事。所以，在阿拉伯穆斯林中，不嫁不娶者極為罕見，父母一般都將關心兒女的婚事視為自己義不容辭的責任。兒女到了結婚年齡，一旦他們自己還未選擇配偶，做父母的必定到處張羅，為子女聯繫婚姻。父母在世時都盡力為適齡兒女訂好親事。一旦父母雙亡，沒有訂親的弟妹長大成人，他們的同胞兄長及親屬中的長輩也必定會關心和過問他們的婚事，並幫助他們成親。這在穆斯林中幾乎是一條不成文的規定。顯然，結婚既然是聖行，那麼幫助別人適時婚配也必然是一種德行了。穆罕默德把獨身女郎找到對象的事情稱為要「忙辦，不可磋跎」的事。阿拉伯民間諺語說：「結婚是柱子，頂天立地；不嫁是椅子，任人蔑視。」所表達的正是阿拉伯人對婚配的讚賞。

在民間故事《沉默的公主》中有這樣一段情節：有個寡婦生育了三個女兒和一個兒子。當女兒長大之後，起初由於沒有一個人來向她們求婚，使她們對生活失去了信心。故事說：「在她們眼裏，世界是漆黑一片、因為她們不是命運的主人，

覺得活著毫無意義，悲傷籠罩著她們的心。這種悲傷的情緒在家庭的全體成員身上都反映出來，包括母親和哥哥在內。」這時，哥哥就下定決心，把妹妹們許配給第一個向他們求婚的男子。結果，沙漠裏的狼娶走了大姑娘，二姑娘作了山鷹的妻子，而海中的鯨魚成了三姑娘的終身伴侶。三個姑娘隨著他們的夫婿回到大自然的懷抱，結果都生活得幸福美滿。

故事以童話的色彩，描繪了阿拉伯人把婚配看作是理所當然、天經地義的人生大事之認識。自然，這是《古蘭經》教導的結果。《古蘭經》中說：「你們之中未婚的男女和你們的善良的奴婢，你們應當使他們互相配合。」（24：32）「真主以你們的同類做你們的妻子，並讓你們從妻子創造兒孫。」因此，婚配被認為是一種神聖的誡命：「婚姻為人道之端，古今聖凡，皆不能越其禮而廢其事也。廢此，則近異端矣。」——中國的《天方典禮擇要解》中的《父道》對阿拉伯穆斯林的婚姻觀作如是說❶。美國著名的阿拉伯史專家在談到穆斯林的婚配觀念時，也發現：「在伊斯蘭國家，結婚幾乎被普遍認為是一件積極的義務，忽視這種義務，就會招致嚴峻的責備。」❷這種義務，就是阿拉規定的每個穆斯林的社會義務，也是每個穆斯林對阿拉應盡的宗教義務。

由於伊斯蘭教實行「自修自得」、「不修有罪」的「天命善功」，一個穆斯林必須實踐《古蘭經》所規定的對國家、人類、社會、家庭……的一切義務，才能算是一個真正的穆斯林。顯然在婚配問題上「自行其是」，不盡義務，受到責難是理所當然的。上面的故事中，那位母親的三個女兒因沒人向他

---

❶　轉引自《中國伊斯蘭教研究文集》。
❷　轉引自《中國伊斯蘭教研究文集》。

們求婚而對生活失去信心，也是因不能盡阿拉所規定的社會義務而產生的一種極度負疚、自責心理的結果。

這一點，與佛教和基督教是極為不同的。佛教作為出世的宗教，它自然不把婚配和生育放在「人道之端」；基督教盛行時，修道院、修女、修士遍布各地，而且還規定了實行禁慾主義的神職人員如有性行為或結婚，是一種對神的褻瀆行為，不但不被允許，違者還將受到嚴懲。霍桑的名作《紅字》，就是對這種反人性教條的揭露與控訴。所以，在佛教和基督教裏，禁慾與終身不娶或終身不嫁，反而是被視為聖行而大加讚美的。阿拉伯穆斯林正好與此截然相反。穆斯林世界不僅沒有修道院，沒有出家的修士與修女，沒有牧師、僧侶，連「阿訇」、「伊瑪目」等宗教職務也是世俗性的，他們的家庭生活和社會生活與普通的穆斯林毫無二致。這又一次體現了把宗教與人生社會並重的伊斯蘭文明之特色。

這種視婚配為聖行的觀念，對於保持阿拉伯民族世代綿延起了十分積極的作用。古代阿拉伯，由於地理環境惡劣，遊牧生活的艱苦，人口繁殖緩慢，加之部落間連年不斷的「血族復仇」和「爭鬥」，更加遏制了人口的增長，至伊斯蘭教誕生之後，其順乎自然、順乎人性的婚育觀念及通過「教義教規」以創造文明的做法，使其人口在數量與質量兩方面都較原來有了很大的改善，為日後阿拉伯帝國的興盛、強大，準備了基本的條件。

堅持信仰標準第一，是阿拉伯婚配觀念的另一個特色。穆斯林的婚姻是以雙方都是穆斯林為首要條件，其他民族的女子只有改尊了伊斯蘭教之後，才能做一位穆斯林的新娘。但穆斯林女子一般不外嫁他族，這是在《古蘭經》中明確規定了的。《古蘭經》中說：「你們不要娶以物配主的婦女，直到她們信

道。已信道的奴婢，的確勝過以物配主的婦女，即使她使你們愛慕她。你們不要把自己的女兒嫁給以物配主的男人，直到他們信道。已信道的奴僕，勝過以物配主的男人，即使他使你們愛慕他。」（2：221）這就規定了穆斯林寧可娶（嫁）自己家中的奴婢，也不能同異教者通婚，除非異教者皈依伊斯蘭教。

但是，伊斯蘭允許穆斯林同猶太教徒和基督教徒的女子結婚。這又是與伊斯蘭的基本教義有關。因為伊斯蘭認為，基督教的創始人耶穌是穆罕默德以前的列聖，也受過「阿拉」的經典，穆罕默德只是眾先知中的最後一位而已。因此，猶太教和基督教的女子同穆斯林男子結婚後，可以享有穆斯林婦女同等的權力。

限制自己的信仰者同異教徒婚配，這在基督教和佛教這兩大世界性宗教中都沒有如此明確的規定，唯有伊斯蘭教，夫婦信仰同一，是其堅持的一貫原則，加之禁止穆斯林女子嫁給異教徒，這種信仰第一的擇偶婚配標準，產生兩個顯著的後果：（一）是由於本族女子不外嫁，以及娶入的外族女子必須改宗，這無疑加快了穆斯林世界人口的自然增殖。在冷兵器時代，人口數量是一種巨大的戰爭優勢，它既為平時提供勞動力，又為戰爭提供了兵源。（二）是由於堅持了信仰標準，使穆斯林世界通過人口的繁衍，不僅沒有淡化人們的宗教信仰，而且強化和純化了人們的信仰。這日後成為穆斯林世界崛起的基礎條件之一。因為人口是按幾何級數增長的，一百對穆斯林夫婦，以每對生兩個孩子計算，歷經三代之後，即可達到兩百多個穆斯林。況且，阿拉伯世界向來是以多子女著稱的。

在人類的生育文化中，「為性」還是「為後」婚配生育，是兩種明顯不同的生育觀念。「為性」擇偶婚配，將求異性婚配放在第一位，婚配是為了滿足性的需要，至於是否生育，或

生多生少、生優生劣，都屬於次要。這在早期人類以及現代享樂主義者身上都可以找到它的蹤跡。「為後」婚配則是為了繁育後代，將娶妻生子放在首位，婚配是為了滿足傳種接代的需要。這在中國傳統社會中是隨處可見的，所謂「不孝有三，無後為大」以及「多子多福」，都是這種生育觀念的反映。「為後」擇偶婚配是阿拉伯人婚姻觀念的第三個特色。《古蘭經》中就說：「你們從妻子創造兒孫。」這種「為後」的婚配觀，在《卡布斯教誨錄》中說得很明白：「娶妻應視為家庭生活的需要，而不單是為了滿足生理的要求。如果只想滿足自己的性慾，完全可以去買一個奴婢；既花錢不多，也免除了這樣多的煩惱。」❸

在伊斯蘭的宗教故事中，有一則《易卜拉欣父子和宰牲節》的故事是很有名的。故事中，易卜拉欣之所以將女僕哈加爾（即易司馬儀之母）娶為第二個妻子，就是因為易卜拉欣與薩拉這對已雙鬢染霜的夫婦，膝下無兒承歡。當時，是薩拉主動勸易卜拉欣再娶女僕哈加爾的，為的是要一個孩子。阿拉伯人的一夫多妻制是聞名於世的，如果將之與阿拉伯穆斯林「為後」的生育婚配觀聯繫起來看，就不難理解這種習俗為何得以流傳了。

這種觀念與中國傳統社會的傳種接代意識有很大不同的是：有時它不僅是指為本血族的後繼有人，而且推而廣之，為整個穆斯林社會的後繼有人。在這種擴大了的「為後」觀影響之下，阿拉伯人有與寡婦締結婚姻作為承擔起照顧她們生活的義務之習俗。因為每次天災人禍之後，都造成大量孤兒寡婦。對聖戰陣亡者的遺孀，穆罕默德鼓勵生還者通過婚姻，擔負照

---

❸ 《卡布斯教誨錄》。

顧她們和撫育遺孤的責任。他自己就率先作出榜樣，先後娶了賽吾黛、賽里曼、梅蒙娜三位女子為妻。以賽吾黛為例，她早期皈依伊斯蘭教，與丈夫一起受迫害而逃到阿比西尼亞。返回阿拉伯半島時，不幸丈夫死於途中。她為了尋覓庇護所，求於穆罕默德。穆罕默德娶了她。賽吾黛並不年輕美貌，只是一名平凡但忠誠於伊斯蘭教的孀婦。由於這種習俗，產生一夫多妻的情況也就不足為奇了。所以，從某種意義上說，一夫多妻是阿拉伯人生育婚配觀與社會歷史條件相結合的產物，也是化解社會矛盾、維護社會安定的一種辦法。

不過，對一夫多妻的婚姻形式，人們自然會提出一個如何對待眾妻的問題。在中國傳統社會裏，妻妾之間你死我活的爭鬥是大戶人家的常事。《大紅燈籠高高掛》不就對此作了淋漓盡致的刻畫嗎？人們至今還會記得那些由互相嫉妒而引發的唇槍舌劍與陰謀詭計是何等驚心動魄。

阿拉伯人的生存智慧如何化解這種矛盾呢？原來，他們實行了一種與中國傳統社會極為不同的婚姻原則，即在伊斯蘭教的婚姻制度中，眾妻室的地位一律平等，沒有正室與偏室的差別。因此，妻「多」到多少，就看他公平對待的能力。富裕的「可以擇取你們愛悅的女人，各娶兩妻、三妻、四妻」，沒有能力去「公平待遇她們，只可以各娶一妻。」（4：3）

《古蘭經》的這些教導，表明一夫多妻制是以財力為基礎的。公平對待眾妻是伊斯蘭教婚姻制度中十分強調的原則。因為在人們私生活的領域內，當財力允許時，人們在物質上做到這一點並不很困難。在世界各地的力賓館中，人們至今可看到富有的阿拉伯商人進門後，他的三、四個妻子也跟在後面魚貫而入，從服飾到神情，很難看出其中有什麼高低差別。

但是，在感情生活方面，要做到公平就複雜得多了。它不

但涉及有形的可以計量的物質方面，還涉及到無形的難以計量的情感方面。人是有感情的動物，由於種種原因，人或有所愛，或有所恨，也是人之常情。《古蘭經》早已洞見了人性中的這種弱點，經文中告誡做丈夫的「不要完全偏向所愛的，而使被疏遠的如懸空中。」（4：129）在此，穆罕默德首先為大家做出榜樣。當時，穆罕默德雖喜愛活潑、開朗的阿伊莎，然而絕不因此在她的房裏多宿一夜，只是他的另一位妻子賽吾黛同意「轉讓」一次以後，才在阿伊莎那裏連續度了兩夜。

　　這種婚姻制度的原則，在歲月的長河中一直被保存下來。在阿拉伯的歷史中，好幾位哈里發的母親都是女奴出身，這也算是這一婚姻制度的「成果」之一了。

　　其實，世上絕對公平的事大概是不會有的。同胞姐妹之間都會因利益不同而發生爭鬥，更何況眾妻之間呢？一夫多妻使多位女子共同爭奪同一位男子，而這位男子亦是凡人而非神仙，怎麼可能「端平一碗水」呢？顯然，阿拉伯人是遇到此類實際問題，所以才有以《古蘭經》的名義訂立的婚姻原則。這些婚姻原則的確立雖然管君子難管小人，但至少它在應當、正當、不當這三個不同層次的道德層面上，向世人指出了應當與不當的界限：這一方面給人們立起了道德標尺，另方面也給弱者維護自己的權益提供了根據。說穿了，這是一種以承認存在事實上的不公平的前提下盡可能做到公平，盡可能保護弱者之權益的原則。也許正是這種思維的合理性，使阿拉伯的一夫多妻制能延續到如今。

　　如果結婚被視為「聖行」，那麼，如何對待離婚呢？在《古蘭經》中，曾反覆強調了對夫妻和好的希望和對離婚的種

種限制，並且明確說明：離異是真主最討厭的解決辦法。因此，對穆斯林來說，一個家庭一旦組成，往往具有相當大的穩定性，離婚現象是比較罕見的。伊斯蘭文化把美滿和睦的家庭看成是社會安定的一個主要因素，把婚姻看作是一種社會契約。《古蘭經》教導男人要慈善友愛地對待妻子，即使妻子有了過錯，也要講究方式，妥善處理，以此來保證夫妻之間感情的融洽和相親相愛的生活。但對於那種夫妻之間感情已破裂，再無法共同生活，並且經公證人調解後仍無效的，則雙方都有要求離婚的同等權利。但這只是在萬不得已的情況下才允許離婚。阿拉伯人為此，以《古蘭經》的名義，作出許多限制。

首先，如果一方提出離婚，阿拉伯人會「從他們倆的親戚中各推一個公證人」進行調查，「如果兩個公證人欲加和解，那末真主必使夫妻和睦。」（4：35）即使是感情到了破裂邊緣，男子「盟誓不與妻子交接」，也不能立即提出休妻的要求，而是要「期待四個月，如果他們回心轉意」，只要釋放一個奴隸，就可以和妻子同床共枕了。如果調解無效，休妻的過程也很獨特。阿拉伯人的務實和精明，在此又一次得到十分完美地體現：

（一）是發明了待婚期，就是允許被休者在原處居住三個月。待婚期的目的在於觀察是否有孕，以明確血統。如果有孕，還得延長，「以分娩為滿期。」（65：4～6）如果分娩後被休，母親「應哺乳自己的嬰兒兩周歲」，生父「應當照例供給她們衣食」。如果「另雇乳母哺乳嬰兒」，生父也「須交付照例應給的工資」。也可以雙方「依協議而斷乳」。同時，規定了在待婚期內，男方「不得把她們驅逐出門」，也不得「妨礙她們，使她們煩悶。」其他的男子可以「向待婚的婦女求婚」，但「不要與她們訂密約」，也「不要締結婚約。」

（2：235）如有一線希望，還是鼓勵他們「重歸於好」，「男方應主動而善意地挽留她們。」（2：228）如果破鏡不能重圓，待婚期滿，女方沒有身孕，便可以依禮而去，男方不得「阻止她們嫁給她們的丈夫。」（2：232）

（二）是設立「離儀」。《古蘭經》規定：「凡被休的婦女，都應得一份照例的離儀。」「離儀」是「休妻」必須履行之「禮」，正像結婚必須有「聘禮」一樣。而且，「即使你們已給過前妻一千兩黃金，你們也不要取回一絲一毫。」（4：20）這也是《古蘭經》的規定。除了「離儀」之外，當初結婚時的聘禮也「絲毫不得取回。」（2：229）因為它已屬女方的財產。

上述兩條，第一條可歸於「冷處理」手段，第二條可歸於「經濟」手段。通過「冷處理」與「經濟」手段而對離婚進行限制，這既符合人們的心理規律，又符合經濟規律，在實踐中自然會行之有效。因為按阿拉伯人的習俗，「聘禮」與「離儀」都是一筆可觀的數目。穆罕默德與赫蒂傑——他的第一位妻子結婚時，儘管作為孤兒的穆罕默德並不富裕，但他給赫蒂傑的聘禮是二十頭幼駝。據《伊斯蘭教文化》一書記載，突尼斯政府雖在法律上規定彩禮為一千突尼斯第納爾，但實際上，彩禮總要在兩千第納爾左右。摩洛哥的男女青年，如果雙方簽訂了婚約，男方就必須送給女方一條重約一公斤的金腰帶，腰帶表面刻有精巧的花紋。在沙烏地阿拉伯，當女子結婚時，岳父母會向女婿索取一筆「姆泰艾希爾」。一旦妻子同丈夫離婚，這筆錢就歸女方所有，以作補償損失之用。交付的方式，一般有先付和後付兩種：大多數岳父母都要求女婿「先付」，即婚前付給；少數通情達理的則允許「後付」，即離婚時付給。很清楚，這些錢財成為婚姻契約的保證金。聘禮歸於妻

子，以及「離儀」的存在，都對男子離婚的行為，在經濟上加以牽制；同時，使女子一旦在離婚的情況下，生活上仍然有所保障，這不啻是保護婦女利益的一種經濟措施。

在伊斯蘭文化產生之前，阿拉伯人在婚俗上頗多陋習。如有些人和妻子離異之後不久，又重新與之和好，然後又第二次離異，其用意無非折磨與虐待妻子而已。男人死了，其子有繼承其妻室的權利。寡母或留或嫁，得由他們作主。這種卑下的行為普遍流行於當時的阿拉伯。伊斯蘭教產生之後，它能在不長的時間裏，把如此強大的舊習慣勢力改變過來，納入新生活的軌道，這種歷史性的轉變，如果單靠信仰而沒有靈活與務實的方法輔之，也是難以完成的。穆罕默德一方面通過強調「認主獨一」而使穆斯林認識阿拉指引的正道，另一方面又通過翔實的具體規定和經濟手段，規範穆斯林的婚姻行為，從而在伊斯蘭興起之後的不長時間裏，改變了當時阿拉伯人的婚俗習慣。這樣一次用智慧和力量對遊牧生活舊傳統的征服，其進步意義是顯而易見的。

對於這樣的成就，連一向對阿拉伯的婚配制度微詞頗多的西方人都認為「不應否定穆罕默德一生以尊重婦女、努力改善她們的法律和社會地位為標誌的成就。穆罕默德實施了一些規定來限制一夫多妻制和離婚，並規定要照顧離婚婦女。在七世紀的阿拉伯半島，這些規定無疑是重大的改革。」❹

---

❹　引自《伊斯蘭教和穆斯林世界》。

亡人奔土如奔金

　　也許人們不會相信，一個國王的葬禮竟然沒有挽聯、挽幛，沒有花圈、花籃，也沒有禮炮轟鳴，甚至連墓穴內也不放什麼陪葬物品。但這都是確鑿無疑的事實。死者不僅是一位赫赫有名的國王，而且是曾經統治過世界首富國家——沙烏地阿拉伯的國王。

　　請看沙烏地阿拉伯前國王哈立德的葬禮——

　　一九八二年六月十三日，國王哈立德歸真。殯葬開始前，國王的遺體略整鬚髮，消除外表的污垢之後，即被抬到一張木床上。由於他生前是位國王，因此洗滌遺體的是德高望重的王叔，兩位王弟擔負澆水的任務；僅此而已。接著，國王的遺體被噴灑一些香精；自然，香精中沒有一點酒精成分，因為穆斯林一般是不喝酒的，噴香精只是為了驅蟲和除去遺體的氣味。然後，穿上用香料黑過的白布屍衣。像普通的穆斯林一樣，屍衣分三件：第一件是內衣，它並不縫製，只是開一個孔，套在頸上，一直蓋到膝部。第二件叫小臥單，長可以包住脖子到腳踝，寬可包住遺體兩圈。第三件叫大臥單，把遺體從頭到腳包住，兩頭還須長出尺許，這也由王叔帶著助手來完成。國王的屍布並不是綾羅綢緞之類高級的東西，而依然是十六支紗織的純棉白布；只不過所用香精是花露原汁，香料是龍涎香和檀香而已。

　　穿好屍衣的哈立德國王遺體不捆帶子、不打結，平放在屍匣中。屍匣上蓋有繡著穆斯林做宗教功課時所口念作證詞的帷幔，由他最親近的人輪流抬著，緩緩向利雅德郊外的墓地走去。後面是送葬的人群，一律身穿白色阿拉伯大袍。人群中沒有挽聯、挽幛，沒有花圈、花籃，只有朗誦「我們確是真主所

有的，我們必定只歸依他」的聲音。千萬人同頌，低沉而厚重，如沉雷滾動，悲壯肅穆。由於死者是一位國王，身前又施政穩健，政績卓著，送葬的人多達數十萬。

約一小時之後，屍匣到達墓地，就在墓地的荒土上舉行祈禱儀式。於是幾十萬人全脫掉鞋子，面向天房，在利雅得大清真寺伊瑪目帶領下為國王舉行殯禮。殯禮在「我們確是真主所有的，我們必定只歸依他」的默念聲中結束；整個過程不過十分鐘。

哈立德國王的墓穴位於歷代國王的後面。那裏是沙質土，較鬆散，所以墓穴的牆壁和頂是用當地普通的沙岩石塊砌成，寬一米、長二米，深度約達三米，穴底的地上鋪著細軟的黃沙。一代國王就長眠於此。遺體的位置是頭北腳南面朝西。他死前雖富甲天下，此時穴內空無一物；送葬的禮儀中沒有放禮炮，也不鳴槍，親人們遵循伊斯蘭教規，也不嚎啕大哭，全場只有跪在墓的右下側的著名誦經家高聲朗誦《古蘭經》的悲壯聲。在朗誦聲中，墓門被堵上了。所有送葬的人，在朗誦中止後，兩手平胸，手心向上，眾口一聲「阿米奈」的祈禱詞，宣告一個世界上最富有的國王的葬禮終於結束。這一切，都發生在哈立德「歸真」後的第三天——六月十六日下午。

沙烏地是伊斯蘭教的誕生地，一貫遵《古蘭經》行事，哈立德的葬禮，抹去那一點王室的色彩，是具有典範意義的穆斯林葬儀；它較集中地反映了穆斯林的殯葬特色！

（一）是深埋土葬。伊斯蘭教徒的土葬又與我們平時所見的土葬不同，其最大的特點是，把屍體直接放入土中，而不用什麼棺槨，尤其墳的底部絕對不允許有什麼石板、鐵板等非土物質。此種作法，從宗教意義上分析，也許土葬更符合阿拉用

土造人的原理。在我們看來，這樣做，屍體腐爛後容易被土吸收，既經濟又衛生。至於屍體埋葬後留墳頭還是不留墳頭都無關緊要，視情況而定。許多阿拉伯伊斯蘭國家，由於地理環境和氣候條件不同，喪葬方法也各自相異。有的在沙漠地帶，只是將屍體用沙土輕輕一埋，任其自然分化消解；最多上面蓋一塊石板等物，以防被野獸糟蹋而已。

（二）是速葬。在阿拉伯穆斯林的風俗習慣中，人死後一般不超過三天便入葬，以此表達對死者的充分尊重，體現亡人入土為安的意義。有的頭一天「無常」，次日就入葬。穆斯林的俗語是：「亡人奔土如奔金。」據傳說，穆罕默德也曾經要求過人們「快料理亡者，不要求拘留他在家。」還說過：「阿力啊！三種事要忙辦，不可磋跎：禮拜的時間到了的時候，人死了的時候，獨身女郎找到對象的時候。」因此，阿拉伯人一般的做法是，對年邁的老人或垂危的病人，其親人、家屬很早就為其準備了後事，並適時通知遠方的親戚朋友。為了達到速葬的目的，伊斯蘭教還規定，在哪裏歸真就在哪裏埋葬，絕對不強調亡人必須回到故鄉。就是等候遠方親屬來奔喪，也只依三日為限；三日之內，必須埋葬。這種喪事速辦、不搞疲勞戰術的作法，既節省了人力、物力、精力，同時也避免了屍體因長期停放而腐朽變質的情況發生。如果亡故於航海途中，三天之內靠不了岸，他們就用水葬的方法處理遺體。因為這也符合真主「用水創造一切生物」的道理，人死後可以還原於水。

（三）是薄葬。伊斯蘭葬禮是最講節約的，也是最為平等的。無論死了什麼樣的人，不分貧富貴賤，也不管死者的職位高低，都用同樣的「開凡編（包裹死人的白布）包裹屍體，埋在同一塊公共墓地，占用一般大的地方，而且絕不允許用任何珍貴的物品作陪葬。所以，穆斯林的墓是不怕偷盜的。任何家

庭有人亡故，都必須舉行同樣程序的葬禮，都會有眾多的穆斯林趕來送葬，都不需要花錢雇人抬送「埋體」（即亡人），而會有人主動幫助抬送。同時，穆斯林還主張喪主不穿孝服，不必嚎啕大哭。因為穆斯林主張人是來自真主，還將歸至真主，這是歷史的必然，用不著悲傷痛苦，更不必大肆操辦喪事。整個殯禮儉樸、虔誠。殯禮前要為亡人全身清洗，先開始為之「小淨」，然後再清洗周身數次，要洗遍全身每一個地方，直至肉眼見不到污穢時為止；目的是：一個回歸到真主阿拉身旁的人應該是乾乾淨淨、清清白白的。洗淨周身上下之後，即將其移至喪柩（即屍匣）之中，以便將遺體運到殯禮之處。殯禮中，沒有鞠躬，沒有叩首，沒有末望禮拜。整個過程簡單、純樸，參加者隨伊瑪目站立、抬頭、抬手、讚美阿拉，並為死者祈禱，祝靈魂安息。殯禮後，即由眾人隨屍匣緩緩前去墓地，在事先挖好的坑內埋葬，即算是將亡者送歸真主身旁。

德國社會學家馬克斯・韋伯在談及新教倫理對資本主義發展的促進作用時，曾經指出，基督教新教之所以能成為養育現代經濟人搖籃的護衛者，是在於在它的倫理觀念中，宗教恩寵地位的獲得不是通過任何神秘的聖事、懺悔產生的寬慰以及個人的善行所能保證得到的，而只有採用完全不同於自然人生活方式的某種特殊行為加以證明而獲得。這樣便對個人產生了一種激勵，使他有條理地在自己的行為中監督他自己的恩寵狀態，從而使禁慾主義滲透到他的行為之中。「這種禁慾行為實際上意味著根據上帝的意志合理計劃一個人的全部生活。這種禁慾主義已不再是一種『義務上的苦行』，而是某種可以要求決心獲報的人去做的事情。有別於自然生活的聖徒的宗教生活，已經不再在塵世之外的修道院度過，而是在塵世之內，在

它的各種機構中度過。這是最重要的一點。」❺

其實，這也許並不只是基督教新教倫理的特點，而是所有對歷史起過偉大推動作用的倫理思想的共同點。阿拉伯人在喪葬禮儀中所體現出的思考方式，與前者真有異曲同工之妙，因為它使伊斯蘭精神滲透到穆斯林生活的每個環節，從出生到死亡，從搖籃到墳墓。我們說，信仰與務實交融是阿拉伯智慧的一個顯著特點，但這種務實並不是那種瑣碎、庸俗的小商人投機謀利的行為，而是它的現實性、合理性以及大原則之下的靈活性。殯儀，在阿拉伯穆斯林看來，是現世生活的終點，來世生活的起點，自然具有非同尋常的意義。也許正是由於其特殊的重要性，阿拉伯穆斯林生活智慧的上述特點，在此達到了爐火純青的高妙境界。

對於一個地處熱帶沙漠地區的民族來講，沒有比人亡故之後迅速安葬更為現實的了。在愛斯基摩人那裏，屍體可以自然冷凍而達到數十年乃至數百年不腐，即使這樣，他們還以將垂危的老人送進事先砌好的冰屋，屋內放上一些食物和油燈，讓其自然謝世為傳統風俗。而在地處熱帶的阿拉伯地區，屍體存放一天都已十分不易，三天可算是極限了。以三天為限，既表現了對活人最大的仁慈，也防止了屍體因氣候條件腐爛而污染周圍環境之類事情發生，這使此類教規具有如衛生公約般的現實作用。一個缺乏現實性思維的民族，是絕然想不到這樣做的；而這種現實性，又立基於合理性之上。

速葬是一種合理行為，土葬和薄葬更是一種既衛生又經濟的合理舉措。土葬不用棺椁，哪怕是木匣、石椁，都不允許。深埋土下又無任何陪葬，既節時省力，又避免了財富的浪費；

---

❺ 〔德〕馬克斯・韋伯：《新教倫理與資本主義精神》。

而且於環境衛生，防病、防盜都具有現實功用。因為將遺體直接埋入土中，尤其墓穴底部絕不許用木、石、鐵板等非土物質鋪墊，都便於遺體腐爛後直接被土吸收。這種利己利人、現實合理的思考方式，除了阿拉伯穆斯林之外，恐怕只有基督教新教的作法才能與之媲美了。而基督教的宗教改革是在伊斯蘭教誕生幾百年之後才發生的事。

在此，還需要強調一下，穆斯林的薄葬並不是像守財奴一樣，為了節省一點錢財才如此儉樸，實際上是為了把有限的錢財用到最需要的地方。按阿拉伯穆斯林的習俗，遺體下葬前必須舉行贖罪儀式，辦法是由家屬從亡者本人的積蓄中拿出盡可能多（注意是盡可能多）的錢、物，贈送給衣食無著的窮人。前面提到的這位哈立德國王，雖貴為一國之首，亦不能保證沒有過錯，所以贖罪儀式同樣得舉行。其與一般平民百姓的區別只在於，由於他是國王，贖罪所需的錢物就要更多、更佳美。當時，由於在富裕的沙烏地阿拉伯，本國已無窮人，結果由治喪委員會撥出了大批款項，向毗鄰的一些貧窮的阿拉伯國家捐贈了學校、醫院以及築橋鋪路和救濟難民的款項。它的一個鄰國，就得到了二十所小學和十所中學的建校費用。這些費用全部加起來，也許比舉辦一場豪華葬禮的開銷還要多。所以說，殯儀和葬禮的返樸歸真不是小器，而是基於一種用錢的合理性，一種合理的花錢藝術。這種合理性也反映在「大原則之下的小變通」之中，水葬就是一例。

事實上，阿拉伯穆斯林的這一套獨具特色的殯儀、葬禮，除了上述衛生與經濟方面的意義之外，它最重要也是最深刻的意義在於它作為人們宗教生活中不可或缺的一環，是增強團體內聚力的一種重要途徑。在此且不論以《古蘭經》的教誨，為亡故的穆斯林向阿拉祈禱是每個穆斯林一項共同的義務和集體

責任，也不論《古蘭經》中所說的一個穆斯林應以六項禮儀去對待另一個穆斯林，其中之一是，當他逝世時，應跟送他的棺架，僅就葬儀中的一條而言，即每一個穆斯林無論生前貧富貴賤，歸真後都同樣用三塊白布包裹遺體，埋在同一塊墓地裏，占用一般大的地方，墓內同樣沒有任何陪葬品，就足以給人諸多的教益與啟迪了……它又一次昭示人們，教門內外皆兄弟，真主面前，人人平等，穆斯林內部無高低貴賤之分。它將使今世窮困者增強自信與樂觀：家財萬貫與身無分文者，在生命終結的時候，所享的待遇是同等的，在此國王與庶民並無二致。這使窮困者不必因窮困而自慚形穢，自認低人一等，而相信精神財富勝於物質財富。它也告誡富甲天下者不能趾高氣揚，忘乎所以，因為在穆斯林世界，榮華富貴真正是生不帶來、死不帶去的，縱然金銀遍地、珍寶如山，離開今世的時候，同樣是三塊白布裹屍，一方土地停放，不帶任何陪葬。既然如此，富有者對窮困者不但不應嫌棄鄙夷，而應寬大仁慈，以助人為樂、仗義疏財為己任。唯有如此，才能使真主喜悅，才能獲得進入天國的「入場券」。

　　當在一個團體內部，貧窮者與富有者都朝向一個共同目標時，團體的內聚力就空前增大了。穆斯林世界之所以能作為一個整體，出現在世界事務之中，與它是具有緊密內聚力的團體分不開，僅殯禮這一項，就足以使人窺一斑以見全豹了。

　　但人們也許會問，為什麼在中國，喪事的禮儀比這煩瑣繁複得多，鋪排得多，對人心的震撼與影響卻不如這簡樸、節儉的葬禮大呢？這就不得不引申到一個更深的層面，一種更為深層的智慧了。誠然，中國的傳統文化與民間風俗在殯儀方面的繁文褥節實在是多得非行家不能盡數，它雖也能增強群體的內聚力，但是，只要細加剖析，便可發現，它所增強的不是一種

普遍意義上社會群體的內聚力，而是宗族的內聚力。在穆斯林世界，人們通過這種殯儀，使一個穆斯林與另一個穆斯林，不論其原來相識與否，不論其種族出身與財富多寡，都聚集在真主的周圍，這是一種擺脫了血親關係，在普遍、以信仰歸一為基礎的社會關係之團結。因此，這乃是一種社會的內聚力。而宗族的內聚力，充其量不過是一種小團體內部的內聚力，與穆斯林世界的面向群體、面向全體穆斯林社會的殯禮倫理原則相比，乃屬於一種面向個人的殯禮倫理原則。所以，它無法促進與推動整個社會的內聚力。相反，宗族觀念強盛則勢必使社會觀念薄弱，所以，它實質上還是一種社會團結的腐蝕劑。因為原來應形成整體結構的社會現在被分散為一個個沙團。沙團多了，為了爭奪沙團的生存空間，必然引起爭鬥。俗話說：「佛爭一灶香，族爭一口氣。」所以，在中國傳統社會，葬禮往往成為炫耀宗族或家族力量以及家屬和宗族間相互攀比爭鬥的機會，鋪張浪費便成為題中應有之義。殯儀與其說是為亡人，不如說是做給活人看的。

這種狀況，至今人們仍能在現實中找到它的蹤影：有人統計，中國人近年為出喪、奠基、修墳花的錢夠投資六個亞運會。在陝西銅川地區一個「別開生面」的祭日中，一個當建築隊包工頭的李某為了給死去的父親做「過三年」——即死後三周年祭日，雇了三十多名吹鼓手，請皮影、木偶劇團和電影放映隊；還在門外搭台唱了三天三夜大戲；又用十元一張的票子在黑緞挽幛上拼了一個一米見方的「奠」字。甚至還買了滿滿一汽車「一三○」鞭炮，從家門一直放到兩里之外的墓地，讓鞭炮不斷響了三個多小時。李某此次的花費相當於當地三十個壯勞力一年的收入。隨著這種葬禮、殯儀的流行，宗族的力量藉機膨脹起來，家譜越續越長，家廟越修越多，族長越來越

尊，族規越來越大。甚至在河南等地，一個王姓家族的族規竟規定族人必須向家族交十二種糧款，結婚到宗廟拜堂，生患由族內師爺賜名，出門得向家族請假，連油條的價格也得根據家族的規定。

與此相較，阿拉伯穆斯林的喪葬風俗就高明多了。土葬、速葬、薄葬的傳統，從一開始就鏟除了滋生上述社會現象和社會人物的土壤。葬禮不但禁止炫耀和浪費財富，而且通過施捨，還引導了財富的合理流向。葬禮不但使穆斯林們堅定信仰，而且還使他們更加團結。如此良性循環，穆斯林群體的日益強大就不足為怪了。

後記 PREFACE

　　阿拉伯穆斯林世界的研究不是我的專業。去美國訪問前，我只是在自己的哲學專業領域中接觸過阿拉伯伊斯蘭哲學史，別的材料看得不多，僅瀏覽過希提的《阿拉伯通史》。一九九二、一九九三年間，我在美國做訪問學者，結識了一些來自阿拉伯世界的學生。在與他們相處中，使我有機會以一種新的眼光去觀察這些帶著阿拉伯文化優秀遺傳基因的莘莘學子，並體悟他們所代表的源遠流長、充滿智慧的阿拉伯文化。他們傳統而現代、保守而開放，看似對立的趨向與素質，圓滿地統一在他們的生活和人格之中，讓人不得不嘆服其立身處世的曠達與智慧，親切之感油然而生。

　　正是在這種心境下，回國後接受了顧曉鳴先生主編的《世界智慧叢書》中的《阿拉伯的智慧》一書的寫作任務。接著匆匆翻閱了在上海能找到的一切有關阿拉伯伊斯蘭世界情況的數百萬字中文資料，然後又匆匆動筆。

　　由於還擔負著兩門課的教學任務，整個寫作都比較緊張。要不是顧曉鳴先生、顧駿先生，特別是責任編輯周向潮先生的多方關心和大力支持，本書絕不可能如期完成；即使能如期完成？也絕達不到現在這樣的水平，儘管現在這樣的水平也只是差強人意。所以我衷心感謝上述三位先生，同時也向為我謄寫書稿的盧新梅女士深致謝忱。至於我自己，只能以一時之境出一時之作聊以自慰了。但願以後有機會就阿拉伯伊斯蘭世界，為讀者寫一些更好的東西。

國家圖書館出版品預行編目資料

阿拉伯的智慧／高惠珠著 -- 初版 --
新北市：新視野 New Vision，2019. 08
　　面；　公分--
　　ISBN 978-986-97840-4-7（平裝）
　　1. 民族文化　2. 阿拉伯

735.901　　　　　　　　　　　　108009517

阿拉伯的智慧

高惠珠　著

主　　編　顧曉鳴
企　　劃　林郁工作室
出　　版　新視野 New Vision
責　　編　林郁、周向潮
　　　　　電話：（02）8666-5711
　　　　　傳真：（02）8666-5833
　　　　　E-mail：service@xcsbook.com.tw

印前作業　菩薩蠻數位文化有限公司
印刷作業　福霖印刷企業有限公司

總 經 銷　聯合發行股份有限公司
　　　　　新北市新店區寶橋路 235 巷 6 弄 6 號 2F
　　　　　電話 02-2917-8022
　　　　　傳真 02-2915-6275

初版一刷　2019 年 09 月